Rezepte und Texte VINCENT KLINK
WOLFGANG SCHARDT Fotos · Porträt EVELIN KÖNIG

Meine mediterrane Küche

KOCHKUNST MIT VINCENT KLINK

Inhalt

Liebe Leserin, lieber Leser,

die Küche des Südens nährt Sehnsüchte und Erwartungen. Um diese zu stillen, muss nicht verreist werden. Urlaubsduftende Kräuter, Gemüse, das Olivenöl, sonnengetankte Zutaten: Wir haben sie mittlerweile auch hier bei uns.

Sommerküche, der man sogar in der kalten Jahreszeit verfallen kann, darum geht es in diesem Buch. Wir wollen das Wesen der Küche rund ums Mittelmeer erfühlbar machen, nämlich die Leichtigkeit, die Beschwingtheit mit dem Blick auf die Natur, die möglichst wenig verändert werden sollte. Auf den ersten Blick könnte man von einer einfachen Küche sprechen. Was aber einfach daherkommt, ist oft nicht einfach zu erreichen.

Diese Küche lehrt uns sinnliches Lebensgefühl, und schon Goethe merkte an, dass man mit der Seele suchen muss. In diesem Buch wird man fündig. Es schärft den Blick schon beim Einkaufen, denn mediterranes Kochen hat etwas Ganzheitliches, indem wir die Geschenke der Natur in ihrer Tiefe erfassen, verstehen wir, dass man als Köchin oder Koch nicht die Natur verbiegen sollte, sondern sich ihr unterordnen muss.

Alle Gerichte sind transparent und im Einzelnen erkennbar und durch Kochkunst auf eine höhere Ebene in Harmonie gebracht. Alle Rezepte kann man alleine kochen, schöner ist es jedoch zu zweit oder im freudigen Team. Ich weiß, von was ich rede, denn mit Evelin König ist es immer aufs Neue ein großer Spaß.

Ich wünsche mir, dass es den Lesern genauso ergeht wie mir: Wer kocht, erlebt frohe Stunden.

»Ein klasse Kerl!«

Vincent Klink – Nicht nur ein Koch-Künstler

Danke Papa Klink! Ich habe Sie leider nie kennen lernen dürfen. Aber danke für die Autorität, mit der Sie die Berufswahl Ihres Sohnes gelenkt haben. »Du wirst Koch!«, sollen Sie gesagt haben, »gegessen wird immer.«
Vincent wäre sicher ein Spitzenmusiker geworden. Oder ein talentierter Maler. Oder welche »brotlosen Flausen« er auch immer im Kopf hatte. Aber es wäre schade, wenn er uns als Koch entgangen wäre und als »Fernsehkoch« sowieso. Denn es fehlte dem deutschen Fernsehen ein authentischer Typ.
Ich kenne wenige, die so sehr sie selbst bleiben vor und hinter der Kamera. Vincent ist Vincent! Egal ob fünf Kameras auf ihn gerichtet sind oder keine. Und deshalb sieht er sich auch nicht als »Fernsehkoch«. Sondern eher als einer, der kocht und dabei zufällig von Kameras wahrgenommen wird. Er macht, was er sagt, und sagt, was er denkt – und denkt weiter als viele andere Köche.

So hat er uns alle im Studio zum Umdenken gebracht: »Mit so was kann man nicht kochen, damit kann man Schlaglöcher stopfen.« Das ist einer seiner Sprüche, wenn ein Produkt seinen Blicken, seinem Tasten und Schnüffeln nicht standhält. Denn nicht alles, was die Requisite für die Sendungen einkauft, findet seine Gnade. Das Produkt ist ihm heilig. Nicht nur, dass es frisch und fein sein muss. Er guckt genauer hin, fragt, woher die Forelle kommt, wie sie gefüttert und gehalten wurde. Und im Zweifelsfall hat er einen Züchter parat, der seine Fische nicht in großen Plastiktanks mit Turbofutter großzieht. Sondern einen, der frisches Quellwasser ins Becken lässt, und bei dem der Saibling erst in drei statt in zwei Jahren seine Größe erreicht hat. Einen, den er bei seinen Suchfahrten übers Land entdeckt hat. Und von diesem Züchter bringt er dann eben seine Forelle selbst mit ins Studio. An so was hat er Spaß, der Klink. So kocht er auf der Wielandshöhe, warum sollte er das fürs Fernsehen anders machen? Der Zuschauer würde den Qualitätsunterschied nicht sehen, aber darauf kommt es Vincent nicht an. Show-Kochen ist nicht sein Ding, weil er kein Showman ist. Dass die Sendungen trotzdem große Show sind, das liegt an ihm selbst. Er macht keine Show, er ist 'ne Show!

Mit Vincent zu proben ist immer lustig – aber letztlich sinnlos. Denn er kommt während der Sendung spontan auf andere Ideen. Zweimal dasselbe zu sagen ist ihm zu langweilig. Das beleidigt seinen Grips. Und wenn er etwas wichtig findet, dann sagt er das. Live und geradeheraus. Auch wenn die Redakteure schon in Deckung gehen und die Telefonnummer des Justiziars heraussuchen – in Erwartung des Ärgers, den so eine Klink'sche Breitseite gegen die Nahrungsmittelindustrie bringen könnte. Komischerweise darf Vincent aber Dinge aussprechen, die man anderen ziemlich krumm nehmen würde.

Andererseits kann er selbst auch prima einstecken. Ihn in Verlegenheit bringen – das geht nicht. Egal, was ich als Moderatorin ihm in einer Sendung an den Kopf werfe: Er hat immer einen Spruch, mit dem er pariert. Und dazu noch die Lacher auf seiner Seite. Das macht das Kochen mit ihm vor der Kamera so unverkrampft. Ich kann sicher sein – da ist jemand an meiner Seite, der denkt mit. Der ist souverän. Der zieht auch mal den Karren aus dem Dreck. Der schafft es, in 60 Sekunden sechs Teller anzurichten. Ohne dabei ein Problem mit seinem Ego zu bekommen.

Großartig finde ich auch Vincents Art, mit Rezepten umzugehen. Die Gerichte, die er in der Kochkunst oder im ARD-Buffet live kocht, müssen immer schon Wochen vorher für die sendungsbegleitenden Rezepthefte in Druck gehen. Und so hat er bei der Sendung dann meist schon wieder vergessen, was er da zu Papier gebracht hat – für ihn selbst kein Problem. Denn er will seine Rezepte eher als Anregung verstanden wissen. Als Idee, die der Zuschauer gerne und nach persönlichem Gusto variieren kann. Im Rezept steht Thymian? »Ich hab heute aber keine Lust auf Thymian!« Also bleibt der Thymian draußen, auch wenn die Kochredakteurin den Kräutertopf noch so prominent vorne hinstellt. Dafür hat Vincent spontan noch eine Idee für ein Extrasößchen. Das natürlich auch nicht im Rezept steht, aber göttlich dazu schmeckt. Ein Vincent passt eben nicht in ein Format.

Übrigens ist das mit dem Fernsehformat so eine Sache für sich. Fernsehen macht dick. Das wissen alle, die schon mal vor der Kamera gestanden haben. Keiner weiß warum, aber dürre Menschen wirken auf dem Schirm schlank, schlanke vollschlank und vollschlanke … Das ist kein Gerücht, das ist eine Tatsache. Genauso wie es eine Tatsache ist, dass es hinter den Kulissen bei uns irgendeinen zänkischen Menschen geben muss, der immer Vincent die Kochschürzen mit den eingelaufenen Bändern hinlegt!

Sein geschmeidiger Umgang mit Rezepten mag auch erklären, warum er höchst ungern backt. Das ist ihm alles zu akkurat. Dieses Abwiegen auf zehn Gramm genau, das entspricht nicht seinem Naturell. Genauso wenig mag er uns vorschreiben, dass Tomaten grundsätzlich zu häuten und zu entkernen sind, bevor sie verkocht werden. Warum auch? Sein entwaffnendes Argument: »Die italienische Mama macht sich diese Mühe auch nicht.«

Evelin König und Vincent Klink: beim Kochen vor laufender Kamera immer ein gutes Team

Umso glücklicher ist er aber, wenn eine von uns Mädels für die Pause einen selbst gebackenen Kuchen mitbringt. Am liebsten einen ganz schlicht gerührten. Im Gegenzug bringt er Gläser mit Bügelverschluss mit, »für die Mamas, die zu Hause eine hungrige Brut erwartet«. Im Bügelglas stecken dann meist herrliche Saucen, die bei der »Brut« heiß begehrt sind. Und so hat es Vincent geschafft, auch bei uns daheim präsent zu sein.
Seine Existenz ist spätestens mit dem Blick in unseren Kühlschrank nicht mehr wegzudiskutieren. Darin stehen nicht nur die berühmten Bügelgläser. Da sind auch ganze Hähnchen. Denn nur Brüste zu kaufen ist Quatsch – sagt Vincent. Die Keulen werden oft in Afrika auf den Märkten verkauft. Das ist dann von der EU subventionierte Ware, die dort zu Spottpreisen angeboten wird. Und mit diesen Preisen können die kleinen Bauern in Afrika, die ihr Huhn eben auch auf dem Markt verkaufen wollen, natürlich nicht mithalten. Also ganzes Huhn kaufen! Und aus der Karkasse noch eine Brühe kochen.
Ist gut fürs Gewissen und gut für die Abwehrkräfte. Und meine Kinder lieben Hühnerbrühe.

Ein Koch für alle Sinne: Schnüffeln, Schmecken, Tasten und Probieren gehört für Vincent Klink unbedingt zum Kochen dazu.

Seit Vincents Einfluss sich in unserer Küche breitmacht, hat sich auch der Anteil an Verpackungsmüll halbiert. Weil ich mit noch größerem Spaß auf den Wochenmärkten einkaufen gehe. Weil ich von ihm gelernt habe, worauf es ankommt. Und weil ich viel mehr bei den Händlern nachfrage. Vincent rät zur Flucht vor unwissenden Händlern. Und Recht hat er. Es gibt – Gott sei Dank – immer mehr Händler, die mit Herz und Verstand bei ihren Produkten sind. Und die mit Wissen glänzen, wenn man sie nur fragt. Waren Sie schon mal in Spanien, Italien oder Frankreich auf einem Markt? Da wird die Tomate beguckt, beschnüffelt und befühlt. Und mit dem Händler palavert. Bis dann die beste Tomate im Einkaufskorb liegt. Aus der dann die beste Sauce der Welt gekocht wird. Versuchen Sie das einmal mit einer Tomate in einer verschweißten Folienpackung …

Mit Vincent im Fernsehen zu kochen ist also eine sehr sinnliche Sache. Fernsehen wird bei ihm nicht aufs Gucken reduziert, sondern er fordert mich als Mensch mit allen Sinnen heraus. Mit ihm kochen heißt eben: schnüffeln, schmecken, tasten – und probieren. Was – nebenbei verraten – seine allergrößte Leidenschaft ist.

Was nicht bedeutet, dass er sonst keine Leidenschaften hat. Ganz im Gegenteil! Vincent ist auch in dieser Hinsicht ein Phänomen: Denn obwohl er bei uns im Fernsehen ordentlich eingespannt ist und trotzdem jeden Abend zu Hause im Restaurant auf der Wielandshöhe am Herd steht, schafft er es, seine künstlerischen Seiten zu leben. So hat er es innerhalb weniger Jahre durch fleißiges Üben zu einem respektablen Basstrompeter gebracht, den sogar Profimusiker an ihrer Seite auftreten lassen. Er schreibt für Zeitungen und Zeitschriften. Hat ständig ein Buch »in der Mache«. Und findet noch Zeit, alle Vierteljahre seinen Almanach »Häuptling eigener Herd« herauszugeben! Autoren, die für den Almanach schreiben, werden übrigens nicht mit Geld entlohnt, sondern können in der *Wielandshöhe* ihr Zeilenhonorar »abfuttern«.

Ich kann angesichts dieses Pensums nur noch staunen. Und kann mir das nur so erklären, dass der Herrgott beim Verteilen der Talente sich bei Vincent besonders lange aufgehalten haben muss.

Insofern, Papa Klink, hat Ihr Sohn doch noch seinen eigenen Weg eingeschlagen. Er ist Koch geworden, aber eben auch Musiker, Maler und Schriftsteller. Und ein klasse Kerl sowieso! Denn er käme im Leben nicht darauf, mit irgendeinem seiner Talente zu strunzen. Auch Understatement ist eine Kunstform, die er perfekt beherrscht.

Hat so ein Typ denn keine Schwäche, werden Sie sich nun fragen? Doch, hat er. Er kann sich nicht entscheiden. Zum Beispiel, welches sein Lieblingsgericht ist. Vincent hat gefühlte 2856 Lieblingsessen. Und von denen muss er immer wieder – probieren. Sie erinnern sich: Probieren ist seine allergrößte Leidenschaft.

Also: danke Papa Klink! Und danke Vincent! Dass du dem autoritären »Rat« deines Vaters gefolgt und Koch geworden bist. Ich werde künftig persönlich hinter den Kulissen nach der Schürze mit den längsten Bändern suchen. Versprochen!

Evelin König

Salate, Vorspeisen und Suppen

grüne salate mit parmesan-croustillants

ZUBEREITUNGSZEIT 25 MIN.
ZUTATEN FÜR 4 PERSONEN

250 g gemischte Blattsalate

DRESSING

1 kleine Schalotte
1 kleine Knoblauchzehe
1 zimmerwarmes, sehr frisches Eigelb (Größe M)
1 TL scharfer Senf
1 EL Apfelessig
1 EL Portwein
1 EL trockener Wermut
1 TL Zucker
1 TL kräftige Gemüsebrühe
2 EL Crème fraîche
Salz, Pfeffer
1/8 l Distelöl

PARMESAN-CROUSTILLANTS

50 g Parmesan
5 g Mehl
1 EL Olivenöl

1 Blattsalate putzen, waschen und trocken schleudern. Die Blätter nach Belieben kleiner zupfen. Salate auf vier Tellern anrichten.

2 Für das Dressing Schalotte und Knoblauch schälen, klein würfeln und mit dem Eigelb, dem Senf, Apfelessig, Portwein, Wermut, Zucker, Gemüsebrühe, Crème fraîche sowie 1 Prise Salz und Pfeffer in einen Mixer oder hohen Becher geben. Alles im Mixer oder mit dem Pürierstab fein pürieren, dabei das Öl in sehr dünnem Strahl langsam dazulaufen lassen, bis eine sämige Sauce entstanden ist.

3 Für die Parmesan-Croustillants den Parmesan reiben und mit dem Mehl und dem Olivenöl gut vermischen. Aus der Masse in einer beschichteten Pfanne ohne Fett 4 Plätzchen in ca. 5 Min. unter Wenden ausbacken.

4 Das Dressing über die Salate träufeln. Die Salate mit den lauwarmen Parmesan-Croustillants servieren.

»Sie können Salate und Sauce gut vorbereiten. Dann aber Schalotte und Knoblauchzehe nicht mitpürieren, sondern sehr fein hacken und erst kurz vor dem Servieren über die Blattsalate streuen.«

frühlingskräutersalat mit gebackenem ziegenkäse

ZUBEREITUNGSZEIT 25 MIN.
ZUTATEN FÜR 2 PERSONEN

1 Bund junger Löwenzahn
1/2 Bund Brunnenkresse
1/2 Bund Sauerampfer
1 Handvoll Kerbel
3–4 Bärlauchblätter
1/2 Bund Schnittlauch
1 TL flüssiger Honig (am besten Edelkastanienhonig)
1 TL Aceto balsamico
6 EL Olivenöl
2 EL Crème fraîche
Salz, Pfeffer
1 EL Kürbiskerne
1/2 Brötchen vom Vortag
2 Crottins de Chavignol (kleine, trockene Ziegenkäse à ca. 60 g)
ca. 50 ml Milch

1 Die Kräuter waschen und trocken schütteln oder tupfen. Kräuterblättchen von den groben Stielen befreien und nach Belieben kleiner zupfen oder grob hacken. Schnittlauch in Röllchen schneiden. Alle Kräuter mischen und auf zwei Tellern anrichten.

2 Für das Dressing den Honig, den Aceto balsamico, 3 EL Olivenöl und die Crème fraîche verrühren (s. unten). Das Dressing mit wenig Salz und Pfeffer abschmecken.

3 Die Kürbiskerne hacken. Die Brötchenhälfte grob reiben. Die Ziegenkäse in je drei fingerdicke Scheiben schneiden, in Milch tauchen, pfeffern, in Semmelbröseln und gehackten Kürbiskernen wenden und in restlichem Olivenöl auf jeder Seite ca. 2 Min. braten.

4 Das Dressing über die Kräutersalate träufeln. Gebratene Ziegenkäse auf den Salaten anrichten und servieren.

»Sie können die Zutaten für das Dressing auch einfach in ein Marmeladenglas geben und kräftig durchschütteln.«

bunter salat mit lachs

ZUBEREITUNGSZEIT 30 MIN.
ZUTATEN FÜR 2 PERSONEN
ODER FÜR 4 IM RAHMEN EINES MENÜS

2 kleine vorwiegend festkochende Kartoffeln
Salz
150 g grüne Bohnen
2 Fleischtomaten
1 kleiner Kopfsalat
1 Schalotte
1 Bund Basilikum
1 Knoblauchzehe
8 schwarze Oliven ohne Stein
1 TL Kapern
1/2 Zitrone
4 EL Olivenöl
Pfeffer
150 g sehr frisches Bio-Lachsfilet
(s. unten)

1 Die Kartoffeln waschen, in der Schale in ca. 20 Min. in Salzwasser weich kochen, pellen und auskühlen lassen, dann vierteln.

2 Inzwischen die Bohnen putzen, in reichlich kochendem Salzwasser in 6–8 Min. bissfest blanchieren, eiskalt abschrecken, gut abtropfen lassen und halbieren. Die Tomaten waschen und in Scheiben schneiden. Den Kopfsalat putzen, in Blätter teilen, waschen und trocken schleudern. Die Blätter klein zupfen. Die Schalotte schälen und klein würfeln. Basilikum waschen und trocken schütteln. Die Blätter in feine Streifen schneiden.

3 Den Knoblauch schälen, eine Salatschüssel damit ausreiben. Die Oliven nach Belieben halbieren und mit Kapern, Kartoffeln, Bohnen, Tomaten, Salatblättern und Schalottenwürfeln in die Salatschüssel geben und mischen. Die Zitronenhälfte auspressen. Für die Sauce 1 EL Zitronensaft mit 3 EL Olivenöl, Basilikum, Salz und Pfeffer verrühren.

4 Lachs nach Geschmack salzen und pfeffern. Das Lachsstück im Ganzen rundherum kurz in restlichem Olivenöl anbraten und erkalten lassen, dann hauchdünne Scheiben davon abschneiden.

5 Den Salat mit der Sauce anmachen und auf Teller geben. Die Lachsscheiben darauf anrichten und mit restlichem Zitronensaft beträufeln. Dazu passt frisches Baguette.

»Viele besorgen sich gutes Bio-Gemüse, aber wirklich wichtig ist eine ethisch korrekte Haltung gerade dann, wenn es um die Kreatur geht. Bevorzugen Sie deshalb Bio-Lachs!«

spargelsalat mit orangen

ZUBEREITUNGSZEIT 30 MIN.
ZUTATEN FÜR 2 PERSONEN
ODER FÜR 4 IM RAHMEN EINES MENÜS

500 g Spargel
Salz
Zucker
1/2 Zitrone
1 1/2 Bio-Orange
1 EL Mandelöl (ersatzweise Olivenöl)
1 EL Puderzucker
Pfeffer
1 EL fein gehackter Bärlauch
2 EL fein gehackte glatte Petersilie
1 EL fein gehackter Kerbel
1 EL fein gehackter Estragon

1 Den Spargel schälen, die holzigen Enden entfernen. Die Stangen bündeln und in Salzwasser je nach Dicke in 10–12 Min. mit 1 Prise Zucker nicht zu weich kochen. Spargel abtropfen lassen und auf Küchenpapier legen, damit die Stangen möglichst trocken werden.

2 Inzwischen für die Sauce die Zitronen- und die Orangenhälfte auspressen. Die übrige Orange heiß abwaschen und abtrocknen, ca. 1 TL Schale abreiben. Die Orange dann großzügig schälen, dabei die weiße Haut vollständig entfernen. Orange filetieren.

3 Das Mandelöl mit 1 EL Zitronen- und 2 EL Orangensaft verrühren. Puderzucker, Salz, Pfeffer, Orangenschale und die Kräuter unterrühren. Sauce abschmecken, nach Belieben noch etwas Zitronen- und Orangensaft unterrühren. Den lauwarmen Spargel auf Tellern anrichten, mit der Sauce beträufeln und mit den Orangenfilets servieren.

»Im alten Frankreich stritten die beiden Schriftsteller und Hardcore-Gourmets Fontenelle und Charles du Bos im Restaurant, ob man die Stangen nur mit Butter oder auch mit Hollandaise servieren dürfte. Da traf den armen Fontenelle der Schlag. Erleichtert rief du Bos in die Küche: ›Mette vous au beurre!‹ – ›Macht sie alle mit Butter an!‹«

lauwarmer bohnensalat mit ochsenherztomaten

ZUBEREITUNGSZEIT 20 MIN.
EINWEICHZEIT ÜBER NACHT
GARZEIT MIND. 1 STD.
ZUTATEN FÜR 2 PERSONEN

150 g getrocknete Cannellini-Bohnenkerne (weiße Bohnen)
1 Schalotte
1 Knoblauchzehe
4 EL Olivenöl
1/2 l leichte Gemüsebrühe (am besten ungesalzen)
1 kleiner Zweig Rosmarin
1 EL Aceto balsamico
grob gemahlener Pfeffer, Salz
2–3 Ochsenherztomaten (ersatzweise Fleischtomaten)

1 Die Bohnen mit der vierfachen Menge Wasser bedecken und über Nacht einweichen lassen. Am nächsten Tag abgießen.

2 Schalotte und Knoblauch schälen, klein würfeln und in einer Pfanne in 1 EL Olivenöl anschwitzen. Die eingeweichten Bohnen dazugeben. Die Gemüsebrühe angießen und aufkochen. Bohnen zugedeckt in mind. 1 Std. weich kochen. Falls dann noch Brühe im Topf ist, die Flüssigkeit bei großer Hitze einkochen lassen.

3 Den Rosmarin waschen und trocken schütteln. Die Nadeln abstreifen und sehr fein hacken. Aceto balsamico mit dem Rosmarin, Pfeffer und 1 EL Olivenöl verrühren und vorsichtig mit Salz abschmecken. Die gegarten Bohnen mit der Sauce mischen.

4 Die Tomaten waschen, in Scheiben schneiden und mit Salz und Pfeffer würzen. Tomatenscheiben in restlichem Olivenöl wie Schnitzel braten. Gebratene Tomaten auf Tellern auslegen, den Bohnensalat darauf anrichten und servieren.

»Für Ochsenherztomaten lohnt sich jeder Einkaufsaufwand. Die beste Zeit dafür ist der August. Deutsche Ware ist nicht durchweg zu empfehlen, denn diese mehrkammerige Tomatensorte benötigt viel Hitze. Im Zuge der Klimaerwärmung kann man aber hoffen.«

sepiasalat mit kichererbsen

ZUBEREITUNGSZEIT 1 STD.
EINWEICHZEIT ÜBER NACHT
GARZEIT MIND. 45 MIN.
ZUTATEN FÜR 2 PERSONEN
ODER FÜR 4 IM RAHMEN EINES MENÜS

KICHERERBSEN

150 g getrocknete Kichererbsen
1/4 l leichte Gemüsebrühe
(am besten ungesalzen)
1 Knoblauchzehe
1 kleine rote Zwiebel
1 kleine Möhre
1 Stange Staudensellerie
1 EL Olivenöl
1 TL Zitronensaft (nach Belieben)
Salz, Pfeffer

SEPIASALAT

300 g geputzte und küchenfertig vorbereitete
kleine Tintenfische (Sepiole; s. unten)
Salz
1 Bund glatte Petersilie
1 Zitrone
1/4 frische rote Chilischote
1 Frühlingszwiebel
2 getrocknete Tomaten in Öl
1 Stange Staudensellerie, Pfeffer

1 Kichererbsen über Nacht in reichlich Wasser einweichen. Am nächsten Tag abgießen. Nach Belieben die äußere Schalenhaut von den Kichererbsen abstreifen.

2 Kichererbsen mit der Gemüsebrühe aufkochen und zugedeckt bei kleiner Hitze in ca. 45 Min. weich kochen. Knoblauch, Zwiebel und Möhre schälen und fein würfeln. Sellerie waschen, putzen und fein würfeln. Das fein geschnittene Gemüse zu den weich gekochten Kichererbsen geben und alles weitere 5 Min. köcheln lassen. Dann in ein Sieb abgießen, in eine Schüssel geben und leicht auskühlen lassen. Kichererbsen mit Olivenöl und nach Belieben 1 TL Zitronensaft anmachen und mit Salz und Pfeffer abschmecken.

3 Inzwischen für den Sepiasalat die Sepiole waschen und in kochendem Salzwasser in 25–30 Min. weich kochen. Inzwischen die Petersilie waschen und trocken schütteln. Die Blättchen fein hacken. Die Zitrone auspressen. Chili putzen, entkernen und waschen, dann fein hacken. Frühlingszwiebel putzen, waschen und fein schneiden. Tomaten abtropfen lassen und hacken. Sellerie waschen, putzen und fein würfeln.

4 Sepiole abgießen, dabei etwas Kochsud auffangen. Sepiole nach Belieben kleiner schneiden und mit Petersilie, 2–3 EL Zitronensaft, Chili, 2 EL Kochsud, Frühlingszwiebel, Tomaten und Sellerie mischen. Salat mit Salz, Pfeffer und evtl. noch etwas Zitronensaft abschmecken.

5 Kichererbsen auf einer großen Platte anrichten. Sepiasalat in eine Mulde in der Mitte geben.

*»Tintenfisch ist nicht gleich Tintenfisch.
Der Pulpo zum Beispiel muss sehr lange gegart werden,
Sepie und Calamari sind zarter und können
kurz gebraten oder roh gegrillt werden.
Trotzdem ist ein gewisses Weichkochen immer zu empfehlen.«*

vermicelli-muschel-salat

ZUBEREITUNGSZEIT 30 MIN.
ZUTATEN FÜR 2 PERSONEN

200 g Miesmuscheln
1 Schalotte
1 kleine Knoblauchzehe
3 EL Olivenöl
1/8 l Weißwein
2 EL Zitronensaft
Pfeffer, Salz
200 g Vermicellinudeln
1 TL Schnittlauchröllchen

1 Die Muscheln gut bürsten und mehrmals in reichlich Wasser schwenken, dabei darauf achten, dass die Muscheln geschlossen sind. Offene und beschädigte Muscheln unbedingt aussortieren und wegwerfen.

2 Schalotte und Knoblauch schälen, klein würfeln und in einem Topf in 1 EL Olivenöl glasig dünsten. Die Muscheln zugeben, den Weißwein angießen. Alles aufkochen und zugedeckt ca. 5 Min. bei großer Hitze kochen lassen, bis sich die Muscheln öffnen.

3 Die Muscheln mit einer Schaumkelle herausnehmen. Muscheln, die sich nicht geöffnet haben, wegwerfen. Einen Teil der Muscheln aus der Schale lösen. Den Muschelsud etwas einkochen lassen, durch ein feines Sieb gießen und abkühlen lassen. Abgekühlten Sud mit 1 EL Olivenöl und dem Zitronensaft verrühren und mit Pfeffer und evtl. Salz abschmecken. Normalerweise benötigt man kein Salz mehr, da in den Muscheln noch Meerwasser enthalten ist.

4 Die Nudeln in reichlich kochendem Salzwasser nach Packungsanweisung bissfest kochen (s. unten), in ein Sieb abgießen und kalt abschrecken. Nudeln mit restlichem Olivenöl und Schnittlauchröllchen mischen, mit Salz und Pfeffer würzen. Die Nudeln auf großen Tellern anrichten, die Muscheln und die Muschelsudemulsion darübergeben und den Salat servieren.

»Mit ›al dente‹ kann man es auch übertreiben, nicht aber, wenn es Vermicelli betrifft. Sie sollten noch ziemlich hart sein, denn als Salat angemacht weichen sie nach, und nichts wirkt widerlicher als matschige Pasta.«

salat von meeresfrüchten

ZUBEREITUNGSZEIT 40 MIN.
ZUTATEN FÜR 2 PERSONEN

3 Fleischtomaten
2 Frühlingszwiebeln
2 Stangen Staudensellerie
8 EL Olivenöl
1 Bund Rucola
4 rohe, geschälte Garnelen
1 geputzte und küchenfertig vorbereitete kleine Tintenfischtube (Sepie oder Calamari) oder **150 g geputzte und küchenfertig vorbereitete Tintenfische** (Sepiole)
300 g Venusmuscheln
150 ml Weißwein
2 TL Zitronensaft
Pfeffer
Zucker
Salz

1 Den Backofen auf 150° (Umluft 140°) vorheizen. Die Tomaten waschen, halbieren und entkernen. Tomatenhälften in eine Auflaufform oder auf ein Backblech geben und im Ofen (Mitte) ca. 10 Min. garen. So entweicht die Säure und das Aroma verstärkt sich. Die Tomaten abkühlen lassen.

2 Frühlingszwiebeln und Staudensellerie putzen, waschen, in feine Ringe schneiden und in 1 EL Olivenöl in einer Pfanne in 2–4 Min. bissfest anrösten. Anschließend abkühlen lassen. Rucola waschen und trocken schütteln.

3 Die Garnelen längs halbieren und die schwarzen Därme entfernen. Die Tintenfischtube oder die Sepiole waschen, trocken tupfen und in Streifen schneiden bzw. kleiner schneiden. Die Muscheln gut bürsten und mehrmals in reichlich Wasser schwenken, dabei darauf achten, dass die Muscheln geschlossen sind. Offene und beschädigte Muscheln unbedingt aussortieren und wegwerfen.

4 Venusmuscheln in einen Topf geben, den Weißwein dazugießen. Alles aufkochen und zugedeckt ca. 5 Min. bei großer Hitze kochen lassen, bis sich die Muscheln öffnen. Dann in ein Sieb abgießen, dabei den Sud auffangen. Muscheln, die sich nicht geöffnet haben, wegwerfen. Den Muschelsud etwas einkochen lassen, durch ein feines Sieb gießen und abkühlen lassen.

5 In einer Pfanne die Garnelenhälften in 1 EL Olivenöl auf beiden Seiten braten. In einer weiteren Pfanne in 1 EL Olivenöl die Tintenfischstreifen oder -stücke in ca. 2 Min. bei großer Hitze braten. Den Zitronensaft mit Pfeffer und Zucker verrühren. Mit einem Schneebesen das restliche Öl darunterschlagen und die Sauce mit Salz abschmecken.

6 Tintenfisch, Muscheln und das Gemüse mit der Sauce anmachen. Eingekochten Muschelsud untermischen. Die gebackenen Tomaten in Streifen schneiden und untermischen. Rucola auf Teller geben, den lauwarmen Meeresfrüchtesalat daraufsetzen und die Garnelen daneben anrichten.

zucchini-peperonata mit crostini

ZUBEREITUNGSZEIT 55 MIN.
ZUTATEN FÜR 2 PERSONEN

CROSTINI
1 kleine gelbe Paprikaschote
1 Schalotte
1 frische rote Chilischote
2 EL Olivenöl
20–30 ml Gemüsebrühe
1 EL Wasabipaste
Salz, Pfeffer
2 Scheiben Weißbrot

ZUCCHINI-PEPERONATA
2 rote Paprikaschoten
1 Zucchino
1 kleine Zwiebel
2 EL Olivenöl
Salz, Pfeffer
1 TL Oregano
1 EL Puderzucker

1 Backofen auf 240° (Umluft 220°) vorheizen. Für die Crostini die gelbe Paprikaschote, für die Peperonata die roten Schoten halbieren, putzen, waschen und trocken tupfen. Schoten mit der Schnittfläche nach unten auf ein Backblech legen und im Ofen (Mitte) 20–30 Min. backen, bis die Paprika schwarz werden.

2 Inzwischen für die Crostini die Schalotte schälen und fein würfeln. Chili putzen, entkernen und waschen, dann fein schneiden. Für die Peperonata den Zucchino waschen, putzen und in 2–3 mm dünne Scheiben schneiden. Zwiebel schälen und fein würfeln.

3 Die Paprikaschoten aus dem Ofen nehmen und häuten. Für die Peperonata die roten Schotenhälften nochmals halbieren. Für die Crostini die gelbe Paprika würfeln und mit den Schalotten- und Chiliwürfeln in 1 EL Olivenöl andünsten, dann ca. 5 Min. zugedeckt dünsten, dabei, falls nötig, etwas Brühe angießen. Alles im Mixer oder mit dem Pürierstab fein pürieren. Paprikacreme mit Wasabipaste, Salz und Pfeffer abschmecken und etwas abkühlen lassen.

4 Für die Peperonata 1 EL Öl in einer Pfanne erhitzen. Rote Paprika darin kurz anbraten, Zucchinischeiben und Zwiebel zugeben und alles 5–8 Min. bei mittlerer Hitze braten. Inzwischen Backofen wieder auf 240° (Umluft 220°) aufheizen. Die Paprika-Zucchini-Mischung salzen, pfeffern und mit Oregano würzen. Das Gemüse in eine Gratinform schichten, mit restlichem Olivenöl bepinseln, mit 1 EL Puderzucker bestreuen und im heißen Ofen (Mitte) kurz gratinieren, bis der Zucker karamellisiert.

5 Inzwischen die Weißbrotscheiben im restlichen Olivenöl von beiden Seiten rösten, leicht salzen und mit der Paprika-Wasabi-Creme bestreichen. Crostini zur gratinierten Zucchini-Peperonata servieren.

»Noch schneller geht es, wenn Sie die Schoten mit Olivenöl einpinseln und ca. 10 Min. bei großer Hitze in einer Deckelpfanne rösten. Gebräunte Haut abziehen, Schoten vierteln und zurück in die Pfanne geben.«

Keine Angst vor Artischocken!

Die Distel ist für mich eine der schönsten Blumen, und die allerschönste Distel dürfte die Artischocke sein. Wie Rosen sind Artischocken ein Symbol für Gegensätzliches oder Yin und Yan, wenn man so will: einerseits mit Stacheln, andererseits mit wunderschönen Blüten und Wohlgeschmack.

Das wirkliche Gourmeterlebnis

In den späten Siebzigerjahren lagen diese Früchte – eigentlich sind es Knospen – erstmalig in Holzkisten auf dem Gmünder Wochenmarkt, und mir oblag es, die misstrauische Kundschaft zu überzeugen. Ein Freund des Hauses und stadtbekannter Bonvivant, der Zeller Walter, saß bei mir im Restaurant und hatte sich eine große bretonische Artischocke bestellt. Er hatte schon gehört, dass dies etwas besonders Gutes sei und als erster Gang die ideale Speise für einen »Mann von Welt«. Die Artischocke kam, und der Zeller Walter fing an, mit dem Messer Stücke aus dem dicken Ding herauszusäbeln. Es war mühevoll, aber das Messer war einigermaßen scharf, und so beförderte der »Connaisseur« ein erstes großes Stück in sein Maul. Er kaute wie eine Kuh, und ich sah mich verpflichtet, ihm zu Hilfe zu eilen. Ich erklärte, dass jedes einzelne Blatt aus dem Artischockenboden gezupft und die dicke Blattseite dann mit den Zähnen ausgestreift werden müsse. So verfahre man Blatt um Blatt, und irgendwann käme man zum Grund der Köstlichkeit, wo sich der dicke, fleischige Boden bereithalte, um zu allerletzt mit Genuss verspeist zu werden. Immer wären die Blätter in Hollandaise zu tunken, und ein Schlückchen Weißwein nebenbei gestalte alles zu einem wirklichen Gourmeterlebnis.

Vom Mosten und Genießen

Zeller Walter hörte voller Verständnis mit funkelnden Äuglein brav zu, und ich kam mir vor wie ein Chefpädagoge, der vor einem wissenshungrigen Studenten eine mit Freuden gehörte Vorlesung hält. Er nickte, dass ihm fast die Ohren wackelten. Ich trat einen Schritt zurück, und dann kappte er erneut einen dicken Brocken von der Artischocke ab, um das Stück mit Stumpf und Stiel in den Mund zu verfrachten. »Verdammt, Walter, kapierst du denn gar nichts?«, rief ich lauthals. Zeller Walter schaute mit gütiger Mine zu mir herüber: »Bub, ich weiß schon, wie des gehen soll. Du hast mir ja alles haarklein erklärt. Aber Vincent, weisch, ich bin hier der Gast, ich mache es, wie ich will. Und ich tue diese Artischocke einfach gerne moschte.« Also gut, ich überließ den Unbelehrbaren seiner Gewaltspeisung. Er kaute und kaute, sog den Saft aus seinem zerkleinerten Gehölz, mostete und mostete. Zeller Walter blickte glücklich in die Welt, denn die Prozedur dauerte so lange, dass schon bald die zweite Flasche Grunbacher Wartbühl, Riesling trocken, auf dem Tisch stand und er sich mit dem Rest der Welt aufs Trefflichste arrangierte.

Und so bereite ich Artischocken in meiner Küche vor: Vom Stielende schält man mit einem Messer in Richtung Knospe. Die äußeren Hüllblätter der Artischocken nach unten abreißen. Am langen Stiel bleibt das gelbe Herzstück übrig, auch eventuelle violette Blättchen müssen entfernt werden. Den Stiel sollte man so lange wie möglich lassen, denn er ist genauso köstlich wie der Boden. Das oft angetrocknete Ende des Stiels wird abgeschnitten. Wir sehen an der Schnittstelle den hellen weichen Kern und die dunkelgrüne äußere Schicht. Diese äußere Schicht muss weg. Die geputzten Artischocken nun in Scheibchen schneiden und wie Bratkartoffeln braten oder kochen. Oder wie im Rezept für gefüllte Artischocken auf der nächsten Seite, die Artischocken halbieren und füllen.

gefüllte artischocken

ZUBEREITUNGSZEIT 1 STD.
ZUTATEN FÜR 2 PERSONEN

ARTISCHOCKEN

1/2 rote Paprikaschote
1 TL Kapern
1/2 Bund glatte Petersilie
1 gehackte Knoblauchzehe
1 Scheibe Weißbrot ohne Rinde
1 EL Olivenöl
2 EL geriebenes Weißbrot (Semmelbrösel)
Salz, Pfeffer
4 kleine italienische Artischocken (s. unten)
Butter für die Form

TOMATEN-VINAIGRETTE

1–2 Tomaten
3 EL Olivenöl
1 EL Balsamico bianco
Salz, Pfeffer

1 Für die Artischockenfüllung die Paprikahälfte putzen, waschen und fein hacken. Die Kapern hacken. Petersilie waschen und trocken schütteln. Die Blättchen fein hacken. Knoblauch schälen und ebenfalls fein hacken. Die Brotscheibe zerkleinern und mit etwas Wasser benetzen. Paprika, Kapern, Petersilie und Knoblauch mit der Brotscheibe in eine Schüssel geben und gut mischen. Das Öl unterkneten und alles mit den Semmelbröseln andicken. Füllung salzen und pfeffern.

2 Den Artischockenstiel auf 3 cm kürzen und zur Blüte hin schälen, dabei alles Grüne entfernen, nur das Helle ist zart. Von der Artischockenblüte die äußeren Blätter großzügig entfernen, bis die gelben Unterblätter zu sehen sind. Die Blattspitzen dieser Blätter abschneiden (s. Seite 38).

3 Reichlich Salzwasser aufkochen. Die Artischocken darin ca. 10 Min. kochen lassen, dann in ein Sieb abgießen und eiskalt abschrecken. Die Artischocken längs halbieren und in der Blütenmitte das Heu mit einem Küchenmesser herauskratzen.

4 Inzwischen den Backofen auf 180° (Umluft 160°) vorheizen. Die Füllung in die Artischocken drücken. Artischocken mit der Füllung nach oben in eine gebutterte Auflaufform setzten und im Ofen (Mitte) ca. 15 Min. garen.

5 Inzwischen für die Vinaigrette die Tomaten überbrühen, häuten, entkernen und ohne die Stielansätze würfeln. Das Olivenöl mit dem Balsamico mischen, mit Salz und Pfeffer würzen und die Tomaten untermischen. Die Vinaigrette zu den Artischocken aus dem Ofen servieren.

»Beim Einkaufen der Artischocken bitte darauf achten, dass die Blattspitzen des Gemüses nicht angetrocknet sind. Am abgeschnittenen Stiel, wenn er angetrocknet und schwarz ist, erkennen wir ebenfalls eine gewisse Überlagerung.«

steinpilzcarpaccio mit petersilien-zitronen-pesto

ZUBEREITUNGSZEIT 20 MIN.
ZUTATEN FÜR 2 PERSONEN
ODER FÜR 4 IM RAHMEN EINES MENÜS

PETERSILIEN-ZITRONEN-PESTO

1/2 Bund glatte Petersilie
1 Bio-Zitrone
1 EL Ahornsirup
Salz, grob gemahlener Pfeffer
2 EL Weißwein
2 EL kräftige Gemüsebrühe
1/8 l Olivenöl

STEINPILZCARPACCIO

200 g große, feste Steinpilze (s. unten)
Salz, Pfeffer

1 Für das Petersilien-Zitronen-Pesto die Petersilie waschen und trocken schütteln. Die Blättchen abzupfen. Die Zitrone heiß abwaschen und abtrocknen. Von der Zitrone drei ca. 3 mm dünne Scheiben abschneiden.

2 Zitronenscheiben mit Petersilie, Ahornsirup, Salz, Pfeffer, Weißwein und Gemüsebrühe in einen Mixer oder hohen Becher geben. Alles im Mixer oder mit dem Pürierstab fein pürieren, dabei das Öl in sehr dünnem Strahl langsam dazulaufen lassen, bis ein sämiges Pesto entstanden ist.

3 Für das Carpaccio die Steinpilze putzen und in sehr feine Scheiben schneiden oder hobeln. Pilze auf Tellern auslegen und mit dem Pesto beträufeln. Steinpilzcarpaccio salzen, mit Pfeffer bestreuen und servieren. Restliche Zitrone schälen und in dünne Scheiben schneiden. Steinpilzcarpaccio damit garnieren.

»Steinpilzkauf ist nicht Vertrauenssache, sondern eine Aufforderung zum Misstrauen! Selbst halbierte Pilze sollte man mit den Fingern stichprobenartig etwas drücken. Federt das Pilzfleisch wie Schaumgummi, sind womöglich viele ›Luftlöcher‹ enthalten – Gänge, die sich die Würmlein fraßen.«

frittierter trevisano mit kapern-mayonnaise

ZUBEREITUNGSZEIT 30 MIN.
ZUTATEN FÜR 2 PERSONEN
ODER FÜR 4 IM RAHMEN EINES MENÜS

RADICCHIO

2 kleine Köpfe Trevisano
(Radicchio-Art; ersatzweise Radicchio)
2 Eier (Größe M)
4 EL Mehl
ca. 1/2 l Olivenöl zum Frittieren (s. unten)
Salz, Pfeffer

KAPERN -MAYONNAISE

1 zimmerwarmes, sehr frisches Eigelb
(Größe M)
1 TL scharfer Senf
1 EL Zitronensaft
ca. 150 ml Distel- oder Olivenöl
1 TL Kapern
Salz, Pfeffer

1 Trevisano längs vierteln, den Strunk dabei so weit wegschneiden, dass die Blätter noch zusammenhalten. Trevisanoviertel in lauwarmem Wasser 15 Min. einweichen, damit die Bitterstoffe etwas ausgelöst werden. Zum Abtropfen auf ein Küchentuch geben.

2 Inzwischen für die Kapern-Mayonnaise das Eigelb in eine Schüssel geben und mit dem Schneebesen langsam verrühren. Senf und Zitronensaft dazugeben und gut unterrühren. Nun in sehr dünnem Strahl das Öl dazulaufen lassen, dabei kräftig rühren, bis eine Mayonnaise entstanden ist. Die Kapern fein hacken und untermischen. Mayonnaise mit Salz und Pfeffer abschmecken und kühl stellen.

3 Die Eier mit dem Mehl und ca. 30 ml Mineralwasser zu einem sämigen Teig verrühren.

4 Das Frittieröl in einer Pfanne oder einem Topf stark erhitzen. Die Salatviertel durch den Teig ziehen und im heißen Öl goldbraun ausbacken. Mit einem Schaumlöffel herausheben und auf Küchenpapier kurz abtropfen lassen. Frittierte Trevisanoviertel salzen, pfeffern und sofort mit der Kapern-Mayonnaise servieren.

»Mit Olivenöl kann man bedenkenlos frittieren, allerdings nicht mit naturtrübem Öl. Für solcherlei Kochprozesse sollten Sie preiswertes Olivenöl kaufen. Die Hitze nämlich zerstört das, was die teuren Öle so wertvoll macht, jene Inhaltstoffe, die beispielsweise die Männer Kretas so alt werden lassen.«

crostini mit walnüssen

ZUBEREITUNGSZEIT 20 MIN.
ZUTATEN FÜR 8 STÜCK

40 g Walnuss- oder Haselnusskerne
1 Bund Frühlingszwiebeln
2 dünne Scheiben Parmaschinken
1/2 frische rote oder grüne Chilischote
1 Stängel glatte Petersilie
3 EL Olivenöl
1 Knoblauchzehe
8 Scheiben Baguette oder Ciabatta (s. unten)
Salz, Pfeffer

1 Die Nüsse in einer Pfanne ohne Öl leicht anrösten, dann fein hacken. Frühlingszwiebeln putzen und waschen. Das Zwiebelgrün fein hacken. Weiße Zwiebelteile in dünne Ringe schneiden. Den Parmaschinken in feine Streifen schneiden. Chilihälfte putzen, entkernen und waschen, dann fein hacken. Petersilie waschen und trocken schütteln. Blättchen fein hacken.

2 1 EL Olivenöl in einer Pfanne erhitzen. Chili darin mit den Frühlingszwiebelringen und den gehackten Nüssen anbraten. Petersilie, Zwiebelgrün und Schinkenstreifen zugeben.

3 Den Knoblauch schälen. Die Brotscheiben in restlichem Olivenöl knusprig rösten, mit der Knoblauchzehe abreiben, salzen und pfeffern. Crostini mit der Nussmasse bestreichen und sofort servieren.

»Ein Italiener käme nie auf die Idee, aber wir Deutschen dürfen auch mal dunkles Brot nehmen. Das kann man genauso rösten wie das weiße Baguette oder Ciabattabrot.«

soufflés von ziegenfrischkäse mit gemüsesalat

ZUBEREITUNGSZEIT 40 MIN.
BACKZEIT 25 MIN.
ZUTATEN FÜR 2 PERSONEN

GEMÜSESALAT

1 Möhre
2 Stangen Staudensellerie
1 rote Spitzpaprikaschote
1 Zucchino
3 Frühlingszwiebeln
1 Schalotte
1 kleine Knoblauchzehe
5 EL Olivenöl
Salz, Pfeffer
1 Bio-Limette
ca. 50 g Puderzucker

SOUFFLÉS

Butter und Semmelbrösel für die Förmchen
2 Eier (Größe M)
140 g trockener Ziegenfrischkäse
Salz, Pfeffer

AUSSERDEM

2 kleine Auflaufförmchen (à ca. 150 ml Inhalt)

1 Für den Gemüsesalat Möhre, Staudensellerie, Paprikaschote und Zucchino waschen bzw. schälen, putzen und 1 cm große Würfel schneiden. Frühlingszwiebeln putzen, waschen, längs halbieren und nach Belieben nochmals quer halbieren. Schalotte und Knoblauch schälen und klein würfeln.

2 2 EL Olivenöl in einer Pfanne erhitzen. Die Möhren darin anbraten. Nach ca. 1 Min. Staudensellerie, Paprika und Zucchini dazugeben und alles weitere 3 Min. braten. Frühlingszwiebeln mit Schalottenwürfeln und Knoblauch in die Pfanne geben. Alles mit Salz und Pfeffer kräftig würzen und ca. 5 Min. bräunen, dann kurz bei großer Hitze kräftig braten. Das Gemüse herausnehmen und abkühlen lassen.

3 Für das Dressing Limette heiß abwaschen und abtrocknen. 1 TL Schale abreiben, den Saft auspressen. Saft und Schale mit knapp 40 g Puderzucker, Salz und Pfeffer mit dem Handrührgerät verrühren, dann das Olivenöl in sehr dünnem Strahl dazulaufen lassen, so dass eine cremige Sauce entsteht. Das Dressing abschmecken und nach Belieben mit weiterem Puderzucker süßen, dann über das Gemüse geben. Den Salat durchziehen lassen.

4 Für die Soufflés Backofen auf 180° (Umluft 160°) vorheizen. Die Auflaufförmchen buttern und mit Semmelbröseln auskleiden. Die Eier trennen. Die Eiweiße zu festem Eischnee schlagen. Die Eigelbe mit dem Ziegenfrischkäse cremig rühren und vorsichtig mit Salz und Pfeffer würzen. Den Eischnee unterheben. Die Eiermasse in die Förmchen füllen und im Ofen (Mitte) ca. 20 Min. backen, die Soufflés sollten dabei fingerbreit aufgehen. Soufflés noch 5 Min. im ausgeschalteten Ofen bei offener Backofentür ziehen lassen, dann nach Belieben stürzen und mit dem Gemüsesalat servieren.

focaccia mit verschiedenen pasten

ZUBEREITUNGSZEIT 1 STD. 30 MIN.
ZUTATEN FÜR 4–6 STÜCK

FOCACCIA

250 g Mehl
1/2 Pck. Trockenhefe
1 TL Olivenöl
Salz
Olivenöl zum Ausbacken und zum Bepinseln

SPINAT-PARMESAN-PASTE

50 g junger Blattspinat
Salz
2 Tomaten
1 Zwiebel
1 Knoblauchzehe
1 EL Olivenöl
2 EL frisch geriebener Parmesan
grob gemahlener Pfeffer

CHILI-TAPENADE

1 frische rote Chilischote (s. unten)
2 Schalotten
1 Knoblauchzehe
1 EL Olivenöl
3 EL Tapenade (schwarze Olivenpaste)

1 Für die Focaccia das Mehl in eine Schüssel sieben, mit der Hefe, dem Olivenöl, 175 ml lauwarmem Wasser und 1 kräftigen Prise Salz verrühren, dann zu einem glatten Teig verkneten, am besten mit der Küchenmaschine. Den Teig zu einer Kugel formen und mit einem feuchten Tuch abdecken. Teig an einem warmen Platz 30 Min. gehen lassen.

2 Inzwischen für die Spinat-Parmesan-Paste den Spinat waschen und verlesen. Blätter in reichlich kochendem Salzwasser ca. 1 Min. blanchieren, eiskalt abschrecken und gut abtropfen lassen. Die Tomaten überbrühen, häuten, entkernen und ohne die Stielansätze würfeln. Zwiebel und Knoblauch schälen, klein würfeln und in einer Pfanne in dem Olivenöl anschwitzen. Die Tomaten dazugeben und 2–4 Min. mit anschwitzen, dann den Spinat unterrühren und zum Schluss den Parmesan. Alles gut verrühren und mit Salz und Pfeffer abschmecken.

3 Für die Chili-Tapenade Chili putzen, entkernen und waschen, dann sehr fein hacken. Schalotten und Knoblauch schälen, sehr klein würfeln und in einer Pfanne in dem Olivenöl anschwitzen. Schalotten und Knoblauch in eine Schüssel umfüllen und mit Chili und Tapenade vermengen.

4 Aus dem Teig 4–6 kleine Kugeln formen. Die Kugeln zu 4–6 dünnen Fladen ausrollen. Reichlich Olivenöl zum Ausbacken in einer Pfanne erhitzen. Die Fladen darin in 2–3 Min. pro Seite knusprig backen. Die obere Fladenseite mit Öl bepinseln. Knusprige Fladen mit den vorbereiteten Pasten bestreichen, nach Belieben in mundgerechte Stücke schneiden und heiß servieren.

»Es macht einen großen Unterschied, ob getrocknete oder frische Chilischoten verwendet werden. Kratzt man die Kerne und die helle Haut aus den frischen Schoten, erhält man den vollen Paprikageschmack bei weniger Schärfe.«

mangoldtarte

ZUBEREITUNGSZEIT 40 MIN.
RUHEZEIT MIND. 30 MIN.
BACKZEIT 35 MIN.
ZUTATEN FÜR 1 TARTE- ODER SPRINGFORM MIT 26 CM Ø

200 g Mehl
80 g weiche Butter (+ Butter für die Form)
1 Ei (Größe M)
Salz
1 Eigelb (Größe M)
1/8 l Milch

FÜLLUNG
600 g Mangold
80 g luftgetrockneter Speck (Lardo)
2 Zwiebeln
1 Knoblauchzehe
1 Bund glatte Petersilie
120 g Parmesan
1 EL Butter
Salz, Pfeffer
1 Ei (Größe M)
6 dünne Scheiben Parmaschinken

1 Das Mehl mit der Butter, 40–50 ml Wasser, dem Ei und 1 Prise Salz zu einem festen homogenen Teig verkneten. Den Teig in Klarsichtfolie einwickeln und mind. 30 Min. im Kühlschrank ruhen lassen.

2 Für die Füllung den Mangold putzen, waschen und trocken schütteln. Die weißen Strünke aus den Blättern herausschneiden und sehr fein würfeln. Die grünen Blätter grob hacken. Den Speck fein würfeln. Zwiebeln und Knoblauch schälen und klein würfeln. Petersilie waschen und trocken schütteln. Die Blättchen fein hacken. Den Parmesan fein reiben.

3 Butter und Speck in einer Pfanne erhitzen. Zwiebeln, Knoblauch und weiße Mangoldwürfel darin 2–3 Min. anschwitzen. Die grünen Mangoldblätter dazugeben und 8–10 Min. zugedeckt mitdünsten. Alles in eine Schüssel geben, mit Salz und Pfeffer würzen und etwas abkühlen lassen. Petersilie, Parmesan und das Ei untermischen. Den Backofen auf 200° vorheizen.

4 Etwas Teig für einen Tartedeckel beiseitelegen. Den übrigen Teig dünn und rund ausrollen und in die gebutterte Tarteform legen, dabei einen Rand hochziehen. Den Teig mit einer Gabel einstechen. Die Mangoldmasse einfüllen. Den Parmaschinken daraufgeben. Den beiseitegelegten Teig rund und dünn ausrollen. Tarte damit abdecken. Das Eigelb mit der Milch verquirlen. Die Tarte mit der Mischung bepinseln und im Ofen (Mitte; Umluft 180°) ca. 35 Min. backen und servieren.

kaninchenleber mit balsamessig

ZUBEREITUNGSZEIT 30 MIN.
ZUTATEN FÜR 2 PERSONEN

1 Schalotte
1/2 Apfel
200 g Kaninchenleber (s. unten)
Salz, Pfeffer
1 EL Butter
2 EL Aceto balsamico
1 TL Honig
1 EL Rotwein (nach Belieben)

1 Die Schalotte schälen und in hauchdünne Scheiben schneiden. Die Apfelhälfte schälen, vierteln, entkernen und in sehr kleine Würfel schneiden.

2 Die Lebern putzen und von groben Hautteilen befreien. Die Lebern horizontal halbieren und mit Salz und Pfeffer würzen.

3 Die Butter in einer Pfanne erhitzen. Die Leberstücke darin pro Seite 1–2 Min. braten, dann auf vorgewärmte Teller legen und mit Alufolie abdecken.

4 Im verbliebenen Bratfett die Schalotte mit den Apfelwürfeln anschwitzen. Balsamico und Honig zugeben und nach Belieben mit Rotwein ablöschen. Alles kurz aufkochen und mit Salz und Pfeffer abschmecken.

5 Die Kaninchenlebern anrichten, die Apfel-Schalotten-Mischung darübergeben und servieren.

*»Die Lebern sollten glatt, nicht faltig sein:
Je strammer sie sind, umso frischer sind sie.
Ich empfehle auch, Leber grundsätzlich
in sehr dünne Scheiben zu schneiden
und dann dementsprechend kurz zu braten.
Denn in dicke Leberbrocken zu beißen,
das ist nicht jedermanns Sache.«*

RECUERDO DE MADRID
RECUERDO DE MADRID

spinatsuppe mit parmesanravioli

ZUBEREITUNGSZEIT 1 STD. 15 MIN.
RUHEZEIT MIND. 30 MIN.
ZUTATEN FÜR 2 PERSONEN
ODER FÜR 4 IM RAHMEN EINES MENÜS

RAVIOLITEIG

80 g Mehl (+ Mehl zum Ausrollen)
15 g Hartweizenmehl (aus dem ital. Lebensmittelgeschäft)
1 Eigelb (Größe M), **1 Ei** (Größe M)
1 TL Olivenöl
Salz

PARMESANFÜLLUNG

50 g Parmesan
100 g Schichtkäse (ersatzweise Quark)
1 Eigelb (Größe M)
evtl. 1–2 EL geriebenes Weißbrot (Semmelbrösel)
Salz, Pfeffer

SPINATSUPPE

150 g Spinat
1 Tomate
1 Zwiebel
1 Knoblauchzehe
1 EL Olivenöl
1 Sardellenfilet
1/2 l Gemüsebrühe
1/4 l Weißwein (+2 EL Weißwein)
1 TL Speisestärke
1/2 Bund Thymian (nach Belieben)
Salz, Pfeffer

1 Für den Teig die Mehlsorten in eine Schüssel geben, eine Mulde eindrücken. Eigelb, Ei, Öl und 1 Prise Salz dazugeben und alles zu einem sehr festen Teig verkneten. Zunächst etwas weniger Mehl nehmen und den Teig weich »ankneten«. Dann immer mehr Mehl unterkneten, bis die gewünschte Festigkeit erreicht ist. Den Teig in Frischhaltefolie wickeln und ca. 30 Min. im Kühlschrank ruhen lassen.

2 Für die Parmesanfüllung den Parmesan reiben. Den Schichtkäse gut abtropfen lassen und mit dem Eigelb und dem Parmesan vermischen. Ist die Masse zu feucht, noch Semmelbrösel untermischen. Füllung mit Salz und Pfeffer abschmecken.

3 Für ca. 10 cm große Ravioli den Teig mit der Nudelmaschine ausrollen. Auf eine Hälfte der Teigbahn jeweils in gleichmäßigem Abstand etwas Füllung geben. Die Teigränder mit Wasser bepinseln, dann die andere Hälfte des Teigs über die Hälfte mit der Parmesanfüllung klappen. Die Abstände zwischen der Füllung jeweils gut andrücken. Mit einem Zackenrädchen die Ravioli ausschneiden. Nudeltäschchen nach Belieben noch mit der flachen Hand platter drücken, damit sich die Füllung verteilt (s. Seite 74). Inzwischen reichlich Salzwasser aufkochen. Die Ravioli darin ca. 6 Min. ziehen lassen, dann herausheben und abtropfen lassen.

4 Für die Spinatsuppe den Spinat waschen, putzen und grob hacken. Tomate waschen und fein würfeln. Zwiebel und Knoblauch schälen, klein würfeln und in einer Pfanne in dem Olivenöl goldgelb anschwitzen. Sardellenfilet klein hacken und unterrühren. Brühe und 1/4 l Weißwein angießen und aufkochen. Spinat in der kochenden Brühe in 3 Min. weich kochen lassen. Suppe nach Belieben leicht pürieren.

5 Die Speisestärke mit 2 EL Weißwein glatt rühren und die Suppe damit binden. Die Tomatenwürfel unterrühren. Die Ravioli nochmals in der Suppe erhitzen. Thymian waschen und trocken schütteln. Die Blättchen abstreifen. Die Suppe mit Salz und Pfeffer abschmecken, in Tellern anrichten und mit Thymian bestreut servieren.

ROMA

Die teuerste Suppe der Welt

In den Sechzigerjahren begann das, was wir heute landauf, landab in Speisekarten lesen: Gerichte bekamen Namen, als wären sie Bestandteil eines Songs von Jürgen Drews. Zu meiner Lehrzeit kam Suppe mit viel Gemüse und reichlich Fisch als »Störtebecker-Fischsuppe« auf den Tisch. Mit solchen Bezeichnungen wäre heute kein Blumentopf mehr zu gewinnen. Heute sucht man das Authentische der Herkunft, und deshalb haben die meisten Fischsuppen irgendwelche mediterranen Bezeichnungen. Die berühmte Bouillabaisse der Côte d'Azur ist für alle südlich nachempfundenen Fischsuppen das große Vorbild. Die so altbacken klingende »Störtebecker-Fischsuppe« aber war tatsächlich auch eine Ableitung des Marseiller Originals.

Die Bouillabaisse, wird sie original serviert, dürfte die teuerste Suppe der Welt sein. Vor zwei Jahren war ich auf einem Kurztrip in der Gegend von Cannes. In Golfe-Juan, einem kleinen Ort nicht weit entfernt von Cannes, entdecke ich eine weiß getünchte Holzbaracke, auf der in wackeligen Buchstaben Tétou steht. Es ist nur eine Strandbude. Auf der gegenüberliegenden Straßenseite befindet sich ein Kühlcontainer, so dass ein Küchensklave dauernd zwischen Herd und Kühlzelle hin und her hetzen muss. Alles wirkt sehr frisch gestrichen, strahlt ganz in Weiß und Hellblau, und der Parkplatz daneben hat's in sich. Dort stehen Millionenwerte, selten parkt dort ein Gefährt, das billiger als ein Rolls-Royce ist. Parkwächter übernehmen jedoch meinen gemieteten Renault ohne jegliches Anheben der Augenbrauen. Bei Onkel Tétou wird die beste Bouillabaisse der Welt serviert, und eine Portion kostet deshalb stolze 98 Euro. Wenig später sitzen neben mir Russen in Ballonseiden-Jogginganzügen, umgeben von sehr schön operierten Gespielinnen. Die 1920 gegründete Strandbude verfügt aber nicht nur über neureiches Publikum, sondern auch über die coole Wenigkeit von sage und schreibe vier Sorten Wein. Die Speisekarte weist außerdem noch die sagenumwobene Bouillabaisse aus, und das war's dann. Hier verkehren die großen Namen dieser Welt: Mick Jagger, Catherine Deneuve, der monegassische Adel und Staatsgäste. Aber auch der recht bürgerlich wirkende Vincent Klink und sonstige No-Names schätzen diesen Ort, weil sie ihrer begabten Nase nach gehen und die Düfte hier für unwiderstehlich halten.

Wie es sich gehört, werden die Fische im Ganzen aufgetragen. Die riesige Platte beherbergt Rascasse, Petermännchen, Rotbarben und eine halbe Languste. Spätestens jetzt wird deutlich, warum die Suppe so teuer ist. Klar ist auch, dass Greenpeace und Tierschutzverbände gegen den Verzehr dieser selten gewordenen Meeresfrüchte Sturm laufen. An diesem Suppenaltar aber kommen mir solche Gedanken nicht. Von der Bretterwand äugt Onkel Tétou aus seinem Bilderrahmen und beobachtet interessiert, wie der Kellner die Fische zerlegt. Onkel Tétou ist schon lange tot, aber sein Portrait bewacht immer noch das Geschehen. Das Gemälde wurde von Francis Picabia gemalt und dürfte mehr wert sein als die ganze Bretterbude und manches Auto vor der Türe.

Ja, hier bin ich an einem besonderer Ort und kann mich einer gewissen Ergriffenheit nicht erwehren, denn der Kellner zerlegt die Fische mit unglaublicher Professionalität, um nicht zu sagen Artistik. Ich bewundere diese klassische Schulung. Die Hälfte der Fischfilets liegt auf dem Teller. Eine riesige Suppenterrine kommt angesegelt und wird mit dezentem Schwung in die Mitte des Tischs gestellt. Ein silberner Suppenschöpfer ragt wie ein erhobener Zeigefinger aus ihr heraus, als wolle er das Besondere der Suppe deutlich machen. Geröstete Weißbrotscheiben wärmen sich unter einer weißen Serviette, die auf einem heißen Teller liegt. Eine halbe Languste wird meinen Fischfilets noch zur Bewachung auf den Teller gegeben. Die Sauce Rouille löffle ich mir auf eine Brotscheibe, die ich der Languste unter den Kopf schiebe. Nun gieße ich einen Schöpfer safrangelbe Brühe darüber. Der Suppe kann man nicht auf den Grund des Tellers sehen, denn sie wirkt gebunden und trüb. Kleinste Fischchen und zerhackte Taschenkrebse wurden in ihr ausgekocht, gemixt und dann durch ein Sieb getrieben. Was nun beginnt, kann man getrost ein Schwelgen nennen. Ich löffle und genieße ...

Damit man als Genießer kein schlechtes Gewissen haben muss, ist es zu empfehlen, die Fischsuppe am heimischen Herd zu variieren. Für eine spanische Variation (Rezept nächste Seite) verwende ich Seeteufel, den ich selbst filetiere: Zunächst den Fisch enthäuten, dann mit dem Mittelknochen in daumendicke Scheiben schneiden. Oder die Filets vom Knochen abtrennen.

ACHATS

spanische fischsuppe

ZUBEREITUNGSZEIT 30 MIN.
MARINIERZEIT 2 STD.
ZUTATEN FÜR 2 PERSONEN
ODER FÜR 4 IM RAHMEN EINES MENÜS

1 Knoblauchzehe
1 frische rote Chilischote
1 Zweig Rosmarin
6 EL Olivenöl
300 g Seeteufelfilet (s. unten)
1 Zwiebel
1 kleine gelbe Paprikaschote
1 kleine rote Paprikaschote
2 Zweige Thymian
1/2 Bund Basilikum
6 Cocktailtomaten
1/2 l Tomatensaft
Salz, Pfeffer

1 Den Knoblauch schälen und fein hacken, Chili putzen, entkernen und waschen, dann fein hacken. Rosmarin waschen und trocken schütteln. Die Nadeln abstreifen und fein hacken. Aus Knoblauch, Chili, Rosmarin und 5 EL Olivenöl eine Marinade mischen.

2 Das Fischfilet in Portionsstücke teilen, mit der Marinade mischen und mind. 2 Std. darin ziehen lassen.

3 Die Zwiebel schälen und klein würfeln. Die Paprikaschoten halbieren, putzen, waschen und in 1 cm große Würfel schneiden. Die Kräuter waschen und trocken schütteln. Die Blättchen fein hacken. Die Cocktailtomaten waschen und trocken tupfen.

4 1 EL Olivenöl in einem Topf erhitzen. Die Zwiebelwürfel darin anschwitzen. Paprika zugeben und mit anschwitzen. Die Fischstücke einlegen und ganz kurz von beiden Seiten anbraten. Tomatensaft angießen und erhitzen. Alles ca. 8 Min. bei kleiner Hitze simmern lassen. Die Tomaten kurz miterhitzen. Thymian und Basilikum untermischen. Die Fischsuppe mit Salz und Pfeffer abschmecken und servieren.

»Der Fisch richtet sich letztlich nach dem Angebot. Seeteufel ist kein billiger Fisch, und das hat seine Gründe: Er hat keine Gräten und sein Fleisch ist fest und verträgt auch eine gewisse Übergarung.«

France

suppe von roten bohnen mit miesmuscheln

ZUBEREITUNGSZEIT 40 MIN.
EINWEICHZEIT ÜBER NACHT
GARZEIT MIND. 1 STD.
ZUTATEN FÜR 2 PERSONEN
ODER FÜR 4 IM RAHMEN EINES MENÜS

100 g getrocknete rote Bohnenkerne
800 g Miesmuscheln
2 Stängel Basilikum
1 Stängel Petersilie
200 g Fleischtomaten
1 Schalotte
2 Knoblauchzehen
2 EL Olivenöl
1/2 l Weißwein (+ 2 EL Weißwein)
1/4 l Fischfond (aus dem Glas)
1 EL Speisestärke
Salz, Pfeffer

1 Die Bohnen mit der vierfachen Menge Wasser bedecken und über Nacht einweichen lassen. Am nächsten Tag abgießen, mit reichlich frischem Wasser bedecken und in mind. 1 Std. weich kochen, dann abgießen.

2 Die Muscheln gut bürsten und mehrmals in reichlich Wasser schwenken, dabei darauf achten, dass die Muscheln geschlossen sind. Offene und beschädigte Muscheln unbedingt aussortieren und wegwerfen. Die Kräuter waschen und trocken schütteln. Petersilienblättchen fein hacken, Basilikum kleiner zupfen. Die Tomaten nach Belieben überbrühen und häuten. Tomaten entkernen und ohne die Stielansätze würfeln.

3 Schalotte und Knoblauch schälen. Schalotte klein würfeln und in einem großen Topf im Olivenöl glasig andünsten. Dann den Knoblauch durch die Presse dazudrücken und kurz mitdünsten, aber nicht bräunen. 1/2 l Weißwein und den Fischfond dazugießen. Die Muscheln dazugeben. Alles aufkochen und zugedeckt bei großer Hitze ca. 5 Min. kochen lassen, bis sich die Muscheln öffnen. Muscheln, die sich dann nicht geöffnet haben, wegwerfen. Muscheln nach Belieben auslösen.

4 Die Tomatenwürfel und die weich gekochten Bohnen in den Muscheltopf geben. Die Speisestärke mit 2 EL Weißwein glatt rühren und die Suppe damit binden. Alles nochmals aufkochen, mit Salz und Pfeffer abschmecken und mit Petersilie und Basilikum bestreut anrichten.

*»Alle Hülsenfrüchte sollte man ohne Salz weich kochen.
Salz kommt erst zum Schluss dazu.
Fügt man Salz von Anfang an bei,
dann verdreifacht sich die Garzeit,
im schlimmsten Fall werden die Bohnen nie richtig weich.«*

Pasta

Reis, Nudeln, Gnocchi

zitronenrisotto mit spitzpaprika

ZUBEREITUNGSZEIT 35 MIN.
ZUTATEN FÜR 2 PERSONEN
ODER FÜR 4 IM RAHMEN EINES MENÜS

SPITZPAPRIKA-GEMÜSE

2 rote Spitzpaprikaschoten
2 EL Olivenöl
1 Stück frischer Ingwer (ca. 1 cm)
Salz, Pfeffer
1/2 TL Kümmel

ZITRONENRISOTTO

2 Schalotten
1/2 Bio-Zitrone
1/2 Bund glatte Petersilie
50 g Butter
150 g Risottoreis (s. unten)
ca. 600 ml Gemüsebrühe
50 g Parmesan
Salz, Pfeffer

1 Für das Gemüse die Paprika halbieren, putzen und waschen. Paprika trocken tupfen und in daumenbreite Schnitze schneiden, dann auf ein mit Backpapier ausgelegtes Backblech legen und mit Olivenöl beträufeln. Den Ingwer schälen und sehr fein hacken. Paprika salzen, pfeffern und mit Ingwer und Kümmel bestreuen. Den Backofen auf 200° (Umluft 180°) vorheizen.

2 Für den Zitronenrisotto die Schalotten schälen und klein würfeln. Die Zitronenhälfte heiß abwaschen und abtrocknen. 1/2 TL Schale abreiben, den Saft auspressen. Die Petersilie waschen und trocken schütteln. Die Blättchen fein hacken.

3 Das Spitzpaprika-Gemüse im heißen Ofen (Mitte) in ca. 20 Min. weich schmoren.

4 Inzwischen in einem Topf 1 TL Butter erhitzen. Die Schalotten darin anschwitzen, den Reis zugeben und mit anschwitzen. Sobald die Schalotten oder der Reis braun zu werden beginnen, alles mit etwas Brühe ablöschen. Risotto ca. 15 Min. unter Rühren köcheln lassen, dabei immer wieder etwas Brühe angießen, und zwar jeweils so viel, dass sich immer ein flüssiger Brei im Topf befindet. Aufpassen, dass nichts anbrennt!

5 Nach ca. 15 Min. Zitronenschale und -saft unterrühren. Sind die Körner weich, aber im Kern noch bissfest, den Topf vom Herd ziehen und die restliche Butter in großen Flocken mit dem Kochlöffel unterrühren. Petersilie untermischen und den Risotto mit Salz und Pfeffer abschmecken. Ist der Risotto zu flüssig geraten, den Parmesan schon jetzt unterrühren. Ansonsten Risotto mit dem Spitzpaprika-Gemüse servieren und den Parmesan extra dazu reichen.

»Es darf keinesfalls irgendeine Art von Milchreis verwendet werden! Am besten besorgen Sie sich im italienischen Feinkostladen Vialone Nano, Arborio Superfino oder die von mir bevorzugte Sorte Carnaroli Superfino.«

RISERVATO

risotto trevisana

ZUBEREITUNGSZEIT 40 MIN.
ZUTATEN FÜR 2 PERSONEN
ODER FÜR 4 IM RAHMEN EINES MENÜS

1 Schalotte
1 Knoblauchzehe
50 g Trevisano (Radicchio-Art; ersatzweise Radicchiosalat)
50 g Butter
100 g Risottoreis (s. Seite 66)
ca. 300 ml trockener Rotwein (z. B. Oltrepò Pavese)
ca. 300 ml Gemüsebrühe
Salz, Pfeffer
frisch gehobelter Parmesan zum Servieren

1 Die Schalotte schälen und fein würfeln. Den Knoblauch schälen. Trevisano putzen, waschen und trocken schleudern oder tupfen. Die Blätter in feine Streifen schneiden.

2 1 TL Butter in einem Topf erhitzen. Den Reis darin mit der Schalotte bei großer Hitze scharf anbraten. Die ganze Knoblauchzehe dazugeben. Je 200 ml Wein und Brühe angießen und aufkochen. Alles zugedeckt ca. 15 Min. köcheln lassen. Dann den Reis umrühren, die Trevisanostreifen dazugeben und immer wieder unter Rühren etwas Brühe und Wein angießen. Aufpassen, dass nichts anbrennt!

3 Sind die Körner weich, aber im Kern noch bissfest, den Topf vom Herd ziehen. Den Knoblauch herausnehmen und die restliche Butter in Flocken mit dem Kochlöffel unterrühren. Risotto mit Salz und Pfeffer abschmecken und mit Parmesanspänen servieren.

»Zwei Möglichkeiten hat der Risottokoch: Entweder gibt er immer nur wenig Flüssigkeit bei und muss dann ständig rühren. Oder er bedeckt gleich mal den gesamten Reis. Fanatiker halten das für Frevel, ich konnte aber am Endergebnis nie einen Unterschied entdecken.«

fettuccine mit mandeln und bohnen

ZUBEREITUNGSZEIT 45 MIN.
ZUTATEN FÜR 2 PERSONEN
ODER FÜR 4 IM RAHMEN EINES MENÜS

2 EL Mandelkerne
200 g frisch gepalte grüne Bohnenkerne (Fave-Bohnen)
Salz
2 Schalotten
2 Stängel Basilikum
300 g Fettuccine
1 EL Olivenöl
1/4 l Gemüsebrühe
1 Msp. Safranfäden oder gemahlener Safran
1 EL kalte Butter
Pfeffer
2 EL frisch geriebener Parmesan

1 Die Mandeln mit kochendem Wasser überbrühen und häuten. Mandeln trocken tupfen und halbieren. Die Bohnenkerne in reichlich kochendem Salzwasser 12–15 Min. blanchieren, eiskalt abschrecken, gut abtropfen lassen und die leicht ledrige Haut entfernen. Die Schalotten schälen und fein hacken. Basilikum waschen und trocken schütteln. Die Blätter in Streifen schneiden.

2 Die Nudeln in reichlich kochendem Salzwasser nach Packungsanweisung bissfest kochen, in ein Sieb abgießen und abtropfen lassen.

3 Inzwischen die halbierten Mandeln in einer Pfanne ohne Fett leicht rösten. Olivenöl und Schalotten zugeben und sofort mit Gemüsebrühe ablöschen. Den Safran unterrühren und die Flüssigkeit bei großer Hitze um die Hälfte einkochen lassen.

4 Die Bohnen zugeben und ca. 1 Min. bei kleiner Hitze mitköcheln lassen. Die Butter in kleinen Flocken unterrühren, das Basilikum zugeben und die Nudeln unterheben. Alles mit Salz und Pfeffer abschmecken und mit Parmesan bestreut servieren.

»Frische Bohnenkerne werden in Deutschland gerne ›al dente‹ gekocht, aber nur in Deutschland, und das sollte zu denken geben. Bohnenkerne müssen weich sein, aber sie sollten nicht zerfallen. Das erfordert viel Aufmerksamkeit, was man jedoch den Lesern dieses Buchs wahrscheinlich nicht anmahnen muss.«

pasta fagioli mit muscheln

ZUBEREITUNGSZEIT 45 MIN.
EINWEICHZEIT ÜBER NACHT
GARZEIT MIND. 1 STD.
ZUTATEN FÜR 4 PERSONEN

200 g getrocknete Borlotti-Bohnenkerne
1 Zwiebel
3 Knoblauchzehen
3 EL Olivenöl
3 Tomaten
1 Zweig Rosmarin
6 Salbeiblätter
300 g Ditalini (kurz geschnittene Makkaroni)
500 g kleine Pfahlmuscheln
oder Venusmuscheln
1/2 Bund glatte Petersilie
1 EL Bio-Gemüsebrühepulver (Instant)
Salz, Pfeffer

1 Die Bohnen mit der vierfachen Menge Wasser bedecken und über Nacht einweichen lassen. Am nächsten Tag abgießen.

2 Zwiebel und Knoblauch schälen und in feine Scheiben schneiden. In einem großen Topf 1 EL Olivenöl erhitzen. Zwiebel und Knoblauch darin anschwitzen. Die eingeweichten Bohnen zugeben und mit frischem Wasser bedecken. Die Bohnen zugedeckt in mind. 1 Std. weich köcheln.

3 Die Tomaten entkernen und ohne die Stielansätze sehr fein würfeln. Rosmarin und Salbei waschen und trocken schütteln. Die Nadeln bzw. Blättchen fein hacken und mit den Tomaten vermischen. Die Nudeln in reichlich kochendem Salzwasser nach Packungsanweisung bissfest kochen, in ein Sieb abgießen und eiskalt abschrecken.

4 Die Muscheln gut bürsten und mehrmals in reichlich Wasser schwenken, dabei darauf achten, dass die Muscheln geschlossen sind. Offene und beschädigte Muscheln unbedingt aussortieren und wegwerfen.

5 Zwei Drittel der weich gekochten Bohnen aus dem Topf nehmen und beiseitelegen. Die restlichen mit dem Kochsud im Mixer oder mit dem Pürierstab fein pürieren. Dann die Muscheln zugeben und im Bohnensud ca. 5 Min. bei großer Hitze kochen lassen, bis sich die Muscheln öffnen. Muscheln, die sich dann nicht geöffnet haben, wegwerfen. Inzwischen die Petersilie waschen und trocken schütteln. Die Blättchen fein schneiden.

6 In einer Pfanne 1 EL Olivenöl erhitzen. Die Nudeln darin goldbraun rösten, dann mit den beiseitegelegten Bohnen und den Kräutertomaten in den Bohnen-Muschel-Sud geben. Alles nochmals aufkochen, mit Gemüsebrühepulver und Petersilie würzen, mit Salz und Pfeffer abschmecken und mit restlichem Olivenöl beträufelt servieren.

»In jeder Gegend wird dieses Nationalgericht etwas anders gekocht. Ich bevorzuge die Pasta Fagioli jetzt eher suppig, seit mein italienischer Freund sagte, als ich ihm das Gericht vorsetzte: ›Vincente, das iste Bampe totale und nixe Spitze.‹«

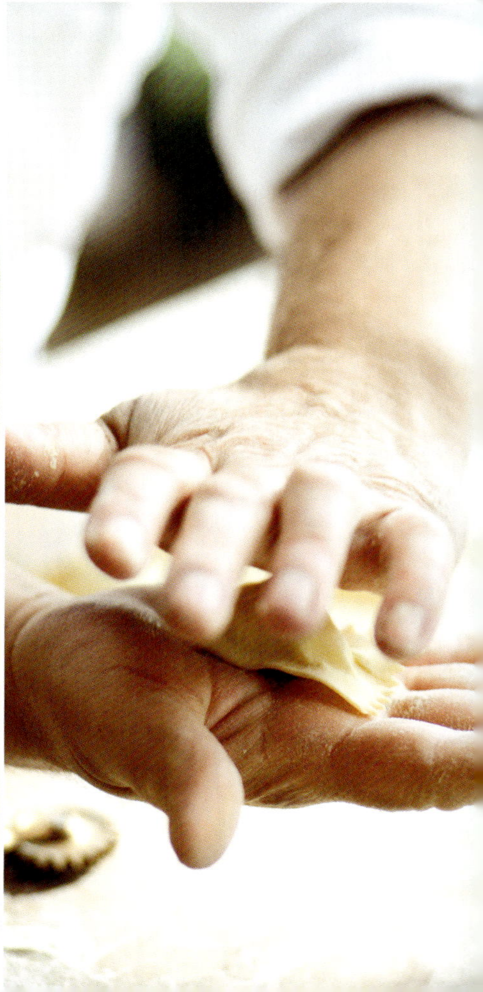

Die Nudelei

In Feinkostgeschäften findet man ab und zu die berühmten Nudeln des Hotels Cipriani aus Torcello bei Venedig. Etwa 1980 weilte ich als Gast in Asolo im Hotel Cipriani, einer Dependance des Torceller Stammhauses. Da es mir – wie oft auf Reisen – bald langweilig war, drückte ich mich in der Nähe der Küche herum, um eventuell deren Geheimnisse zu ergründen. Ganz besonders hatte ich die Pastaproduktion im Visier. Als gelernter Koch wusste ich natürlich, wie man Nudelteig fertigt. Das hatte ich schon Jahre zuvor bei meiner Oma abgucken können. Während sie, um Eier zu sparen, zusätzlich etwas Wasser beigab, war bei der Nudelchefin des italienischen Hotels das Gegenteil von schwäbischer Sparsamkeit angesagt: Auf ein Kilo Mehl knetete die italienische Köchin sagenhafte 20 Eigelbe unters Mehl. Sie benützte kein normales Mehl, sondern Hartweizenmehl, das die Italiener *semola* nennen. Es ist nicht ganz so fein wie unser Haushaltsmehl, jedoch auch nicht so grob wie Grieß. Ich durfte mithelfen, und nun schlugen wir zum ohnehin schon kräftig gelben Hartweizenmehl noch all die vielen Eigelbe dazu. Danach schien der Teig leuchtend gelb, und die kleinen Ravioli, die wir in einer separaten Küche des Hotels fabrizierten, strahlten wie kleine Sonnen.

Die Preziosen der armen Leute

Ob Tortellini oder Ravioli: Die ganze Nudelei ist selten Männersache, denn um die Preziosen der italienischen Küche erfolgreich zu fertigen, braucht es die Ausdauer und Geduld von Frauen. Erfahrung gehört auch dazu, daher beschäftigen sich hauptsächlich ältere Tanten und Omas mit diesen diffizilen Kleinigkeiten. Wie die schwäbischen Maultaschen entstammen die gefüllten italienischen Teigwaren der *cucina povera.* Man könnte das mit »Küche der armen Leute« übersetzen. Es ist kein Zufall, dass auf der ganzen Welt allerlei in Teig eingepackt wird. Wer arm ist, muss sich fürs Überleben etwas einfallen lassen. Kreativität sprießt in gewisser Weise aus der Not.

Es gibt in Italien Tortellini von der Größe einer Haselnuss. So etwas diffizil Kleines können nur Frauen herstellen, die ohne ihre Teigwaren womöglich aufs Spitzenklöppeln oder Häkeln angewiesen wären. Die Vielfalt von Nudeltäschchen dürfte an die Vielfalt einer Blumenwiese heranreichen: Ravioli, Tortellini, Tortelloni, Agnolotti, Fagottini ...
Bei den einfachen Nudeln wird es richtig unübersichtlich. Ich will mit der *pasta fresca* beginnen, den frischen Nudeln, von denen oben schon berichtet wurde. Sie sind nicht einfach zu kochen, denn die Garzeit ist relativ kurz, vielleicht vier Minuten, je nach Dicke der Nudeln. Getrocknete Nudeln, *pasta secco,* sind robuster und bequemer al dente zu kochen. Bei Spaghetti kann die Kochzeit beispielsweise acht bis zehn Minuten dauern. Wirklich gut gekochte Spaghetti sind seltener, als man glaubt. In Neapel erlebte ich die absolut »reine Lehre«: Die Spaghetti waren nicht zu weich, nicht zu fest und auch nicht mit Sahne oder Sauce ertränkt, sondern kamen mit einer Melange von Nudelwasser und Olivenöl auf den Tisch Es gab nur groben Pfeffer drauf und noch etwas Parmesan darüber. Das war's, und ich erlebte einen wirklichen Glücksmoment.
Die römische Volkspasta *rigatoni al pepe* ist auf den ersten Blick ähnlich armselig: Diese geriffelten Röhrennudeln im Durchmesser von einem Zentimeter kommen für deutsche »Weichbeißer« ziemlich hart auf den Tisch. Butter wird untergemischt und dann grober Pfeffer drübergestreut. Ein Römer isst übrigens niemals freiwillig Spaghetti. Ich habe jedenfalls in den besseren Lokalen in Rom nirgends die aus dem Süden stammenden Spaghetti erlebt. Römer sind etwas überheblich und wollen mit Süditalien möglichst wenig zu tun haben, schon gar nicht die Spaghetti teilen. Wie auch immer: Diese Nudelsorten, Spaghetti und Rigatoni, werden nur aus Wasser und Hartweizen unter hohem Druck zusammengeknetet.
Eier waren in früheren Zeiten Italiens zu teuer, um die Alltagsnudeln zu verfeinern.

Für hausgemachte Ravioli (Rezept nächste Seite) verwenden wir frische Bio-Eier. Der Teig sollte fest sein, darf ruhig an Knetmasse erinnern: zuerst etwas weniger Mehl nehmen, anschließend immer wieder so viel Mehl hinzufügen, bis die gewünschte Festigkeit erreicht ist. Dann den Teig am besten mit der Nudelmaschine ausrollen. Auf die Teigbahnen in gleichmäßigem Abstand etwas Füllung geben, die Ränder mit Wasser bepinseln und alles mit dem übrigen Teig bedecken. Die Abstände zwischen der Füllung gut andrücken, mit einem Zackenrädchen die Ravioli ausschneiden. Zuletzt die Nudeltäschchen mit der flachen Hand platt drücken, damit sich die Füllung gut verteilt.

ravioli mit frischkäse und salbeibutter

ZUBEREITUNGSZEIT 50 MIN.
RUHEZEIT MIND. 30 MIN.
ZUTATEN FÜR 4 PERSONEN

RAVIOLITEIG

150 g Mehl (+ Mehl zum Ausrollen)
30 g Hartweizenmehl (z. B. aus dem ital. Lebensmittelgeschäft)
3 Eigelb (Größe M oder L)
1 Ei (Größe L)
1 TL Olivenöl
Salz

FRISCHKÄSEFÜLLUNG

50 g Pecorino
300 g Schichtkäse (ersatzweise Quark; s. unten)
3 Eigelb (Größe M)
evtl. 2–3 EL geriebenes Weißbrot (Semmelbrösel)
4–6 Salbeiblätter
Salz, Pfeffer

SALBEIBUTTER

6–8 Salbeiblätter
100 g Butter

1 Für den Teig die beiden Mehlsorten in eine Schüssel geben, eine Mulde eindrücken. Eigelbe, Ei, Öl und 1 Prise Salz dazugeben und alles zu einem sehr festen Teig verkneten. Zunächst etwas weniger Mehl nehmen und Teig weich »ankneten«. Dann immer mehr Mehl unterkneten, bis die gewünschte Festigkeit erreicht ist. Teig in Frischhaltefolie wickeln und ca. 30 Min. im Kühlschrank ruhen lassen.

2 Für die Füllung den Pecorino reiben, den Schichtkäse gut abtropfen lassen und mit den Eigelben und dem Pecorino vermischen. Ist die Masse zu feucht, noch Semmelbrösel untermischen. Salbei waschen und trocken tupfen. Die Blätter sehr fein hacken und unter die Füllung mischen. Füllung mit Salz und Pfeffer abschmecken.

3 Für ca. 10 cm große Ravioli den Teig mit der Nudelmaschine ausrollen. Auf eine Hälfte der Teigbahn jeweils in gleichmäßigem Abstand etwas Füllung geben. Die Teigränder mit Wasser bepinseln, dann die andere Hälfte des Teigs über die Hälfte mit der Frischkäsefüllung klappen. Die Abstände zwischen der Füllung jeweils gut andrücken. Mit einem Zackenrädchen die Ravioli ausschneiden. Nudeltäschchen nach Belieben noch mit der flachen Hand platter drücken, damit sich die Füllung verteilt (s. Seite 74). Inzwischen reichlich Salzwasser aufkochen. Die Ravioli darin ca. 6 Min. ziehen lassen.

4 Währendessen für die Salbeibutter Salbei waschen, trocken tupfen und nach Belieben kleiner schneiden. In einer Pfanne die Butter schmelzen, Salbei zugeben. Die Ravioli herausheben und abtropfen lassen. Ravioli in der Salbeibutter schwenken und servieren. Nach Belieben mit Parmesan bestreuen.

»Was sich gar nicht gut verträgt, das ist Nudelteig und Feuchtigkeit. Wir sorgen also dafür, dass der Schichtkäse möglichst trocken ist, wozu wir gerne ein Tuch verwenden können, um dem Käse den letzten Tropfen abzupressen.«

kalbsnieren-makkaroni

ZUBEREITUNGSZEIT 55 MIN.
ZUTATEN FÜR 2 PERSONEN
ODER FÜR 4 IM RAHMEN EINES MENÜS

1 kleine Kalbsniere (s. unten)
1/2 Zwiebel
1 Knoblauchzehe
1 kleiner Zweig Rosmarin
2–3 Stängel glatte Petersilie
grob gemahlener Pfeffer
1 EL Olivenöl
Salz
250 g Makkaroni
1/8 l Fleischbrühe
2 EL Aceto balsamico
1 Msp. abgeriebene Bio-Orangenschale
2 Msp. Zimt

1 Die Niere putzen und wässern. Inzwischen die Zwiebelhälfte und den Knoblauch schälen und klein würfeln. Kräuter waschen und trocken schütteln. Rosmarinnadeln und Petersilienblättchen fein hacken.

2 Die Niere aus dem Wasser heben, in Streifen schneiden und pfeffern. Olivenöl in einer Pfanne erhitzen. Nierenstückchen darin ca. 5 Min. von allen Seiten bei kleiner Hitze anbraten. Dann die Zwiebelwürfel zugeben und mitbraten, etwas später den Knoblauch. Ist alles gut gebräunt, die Nierenstückchen aus der Pfanne nehmen und im Backofen bei 60° warm stellen.

3 Inzwischen für die Nudeln reichlich Salzwasser aufkochen. Die Makkaroni darin nach Packungsanweisung bissfest kochen.

4 Während die Makkaroni bissfest kochen, den Bratensatz mit etwas Brühe und Balsamico lösen. Rosmarin, Orangenschale, Pfeffer und Zimt zugeben. Fond zu einem Sirup einkochen lassen und abschmecken. Die warmgestellten Nierchen und die Petersilie dazugeben und in der Sauce schwenken. Die Makkaroni in ein Sieb abgießen. Die Kalbsnieren auf den Makkaroni servieren.

»Nieren riechen? Das stimmt nicht! Früher war es so, dass der Schlachttag oder der darauffolgende Mittag für die Innereien bestimmt war. Wirklich schlachtfrische Nieren schmecken köstlich und haben keinen ›Nierenduft‹, der erst mit zunehmender Alterung auftritt.«

gnocchi di san zeno

ZUBEREITUNGSZEIT 1 STD.
ZUTATEN FÜR 2 PERSONEN
ODER FÜR 4 IM RAHMEN EINES MENÜS

GNOCCHI

500 g mehligkochende Kartoffeln
Salz
50 g Parmesan
5 Eigelb (Größe S oder M)
ca. 4 EL Mehl (+ Mehl für die Arbeitsfläche)
Pfeffer
frisch geriebene Muskatnuss
3 EL Butter

CREMA

125 g Sahne
150 g Castelmagno-Käse oder Grana Padano
grob gemahlener Pfeffer

1 Für die Gnocchi die Kartoffeln waschen, schälen, vierteln und in ca. 20 Min. in Salzwasser weich kochen. Inzwischen den Parmesan reiben. Kartoffeln abschütten und wieder in den heißen Topf zurückgeben. Die Kartoffeln im Topf hin und her bewegen, so dass sie gut ausdampfen. Dann möglichst heiß durch die Kartoffelpresse drücken.

2 Sofort die Eigelbe unter ständigem Rühren unter den Kartoffelteig geben. Anschließend den Parmesan und so wenig Mehl wie möglich dazugeben. (Die Menge hängt davon ab, wie gut die Kartoffeln ausgedampft sind). Der Teig sollte ziemlich fest sein.

3 Den Kartoffelteig mit Salz, Pfeffer und 1 Prise Muskat würzen. Aus dem Teig auf einer bemehlten Arbeitsfläche eine Rolle formen und diese in kurze Stücke schneiden. Mit einer Gabel an einer Seite Rillen in die Nocken drücken. Die Nocken in schwach kochendem Wasser in ca. 4 Min. garen. Wenn sie oben schwimmen, Gnocchi aus dem Wasser heben.

4 Inzwischen für die Crema ein Wasserbad vorbereiten. Castelmagno zerbröseln oder Grana Padano grob reiben und mit der Sahne über dem heißen Wasserbad erwärmen und glatt rühren.

5 Zum Servieren die Butter in einer Pfanne bräunen. Die Gnocchi darin anbraten, mit der Käsesauce beträufeln und mit grob gemahlenem Pfeffer servieren.

»Gnocchi – das ist letztlich nichts anderes als das, was man im Schwabenland Schupfnudeln nennt. Nur sind Gnocchi oval und kugelig, und die schwäbischen Schupfnudeln sehen aus wie Torpedos.«

Fisch und Meeresfrüchte

vongole verace im basilikumsud

ZUBEREITUNGSZEIT 40 MIN.
ZUTATEN FÜR 2 PERSONEN

2 Schalotten
1 Knoblauchzehe
1 Bund Basilikum
1 Bund glatte Petersilie
200 g Suppengemüse (Lauch, Möhre, Sellerie)
600 g Venusmuscheln (s. unten)
2 EL Olivenöl
je 200 ml kräftiger Weißwein und Fischfond
(aus dem Glas; ersatzweise insgesamt 400 ml Fischfond)
Salz, Pfeffer

1 Die Schalotten und den Knoblauch schälen und klein würfeln. Die Kräuter waschen und trocken schütteln. Die Blättchen fein hacken. Das Suppengemüse putzen, waschen bzw. schälen und klein würfeln.

2 Die Muscheln gut bürsten und mehrmals in reichlich Wasser schwenken, dabei darauf achten, dass die Muscheln geschlossen sind. Offene und beschädigte Muscheln unbedingt aussortieren und wegwerfen.

3 Das Olivenöl in einem Topf erhitzen und darin das Suppengemüse und die Schalotten ca. 5 Min. bei großer Hitze anbraten. Venusmuscheln und Knoblauch zugeben und mit Weißwein und Fischfond ablöschen. Alles aufkochen und zugedeckt 5–10 Min. bei großer Hitze kochen lassen, bis sich die Muscheln öffnen. Zum Schluss die Kräuter untermischen.

4 Mit einem Schaumlöffel die Muscheln in eine Suppenterrine geben. Muscheln, die sich nicht geöffnet haben, wegwerfen. Den Topf kippen und mit dem Suppenlöffel das Gemüse samt Fond herauslöffeln. Dies sollte vorsichtig geschehen, denn auf dem Topfboden kann sich noch Sand befinden. Sud mit Salz und Pfeffer abschmecken und mit den Muscheln servieren.

»Die echten Venusmuscheln haben ›Stielaugen‹. Man sieht diese beiden parallel angeordneten Stifte sehr gut. Am Ende befindet sich jeweils ein schwarzer Punkt.«

seeteufelspieß in limettensauce

ZUBEREITUNGSZEIT 45 MIN.
ZUTATEN FÜR 2 PERSONEN

400 g Seeteufelfilet
1 große Stange Lauch
Salz
2 Schalotten
2 Stängel Zitronengras
1 Bio-Limette (s. unten)
1 Bund glatte Petersilie
2 EL Olivenöl
Pfeffer
1/8 l Fischfond (aus dem Glas)
60 ml Weißwein
1 Msp. Kurkuma
3 EL kalte Butter

1 Die durchsichtige Haut vom Seeteufelfilet entfernen. Filet in 8 daumendicke Scheiben schneiden, evtl. Knorpel herauslösen. Den Lauch putzen, längs halbieren und waschen. Lauchstreifen in reichlich kochendem Salzwasser ca. 2 Min. blanchieren, eiskalt abschrecken und gut abtropfen lassen.

2 Die Schalotten schälen und klein würfeln. Die Zitronengrasstängel putzen und waschen. Die Limette heiß abwaschen und abtrocknen. 2 TL Schale abreiben, den Saft auspressen. Die Petersilie waschen und trocken schütteln. Die Blättchen fein hacken.

3 Die Seeteufelstücke einzeln mit je 1 Lauchstreifen umwickeln und auf die Zitronengrasstängel stecken. 1 EL Olivenöl in einer Pfanne erhitzen. Die Seeteufelspieße salzen, pfeffern und von jeder Seite jeweils ca. 4 Min. im Olivenöl braten. Die Spieße im Backofen bei 60° warm stellen.

4 In der Pfanne die Schalotten im restlichen Olivenöl anbraten. Mit Fischfond, Limettensaft und Weißwein ablöschen und mit Kurkuma und abgeriebener Limettenschale würzen. Die Flüssigkeit um die Hälfte einkochen lassen. Die Butter in kleinen Flocken unterrühren und die Sauce damit binden. Sauce abschmecken. Die Spieße darauflegen und mit Petersilie bestreut servieren. Dazu passt Reis.

»Eine Limette hat einen ganz anderen Geschmack als eine Zitrone, die Sie aber ersatzweise gern verwenden können. Das Zitronengras dient dazu, den Zitrusgeschmack zu verstärken, ohne dass alles zu sauer wird.«

doradenfilet mit bohnen-cassoulet

ZUBEREITUNGSZEIT 1 STD.
EINWEICHZEIT ÜBER NACHT
GARZEIT 2 STD.
ZUTATEN FÜR 2 PERSONEN

BOHNEN-CASSOULET

100 g getrocknete, große weiße Bohnenkerne (Corona)
150 g Suppengemüse (Lauch, Möhre, Sellerie)
1 Bund glatte Petersilie
je 1 Zweig Thymian und Rosmarin
2 Fleischtomaten
1 Zwiebel
1 Knoblauchzehe
4 EL Olivenöl
350 ml leichte Gemüsebrühe (am besten ungesalzen)
1 Lorbeerblatt
1–2 EL schwarze Oliven ohne Stein
2–3 Scheiben Kastenweißbrot
Salz, Pfeffer

DORADENFILETS

2 Frühlingszwiebeln
1 frische rote Chilischote
2 Doradenfilets mit Haut (Dorade Rosé, vom Fischhändler filetieren und küchenfertig vorbereiten lassen)
2 EL Olivenöl
Salz
1 TL edelsüßes Paprikapulver

1 Für das Cassoulet die Bohnen mit der vierfachen Menge Wasser bedecken und über Nacht einweichen lassen. Am nächsten Tag abgießen.

2 Suppengemüse putzen, waschen bzw. schälen und klein würfeln. Kräuter waschen und trocken schütteln. Die Blättchen bzw. Nadeln hacken. Die Tomaten überbrühen, häuten, entkernen und ohne die Stielansätze würfeln. Zwiebel und Knoblauch schälen und hacken.

3 Den Backofen auf knapp 170° vorheizen. Suppengemüse mit Zwiebel und Knoblauch in einem ofenfesten Topf in 1 EL Öl anbraten. Die Brühe angießen. Bohnen, Kräuter, Tomatenwürfel, Lorbeerblatt und Oliven dazugeben. Alles aufkochen. Dann zugedeckt im Ofen (Mitte; Umluft 150°) 1 1/2 Std. garen, dabei immer mal wieder die Bohnen mit einem Schaumlöffel unter die Flüssigkeit drücken.

4 Weißbrot fein würfeln. Die Bohnen nach 1 1/2 Std. Garzeit mit Salz und Pfeffer abschmecken, dann mit den Brotwürfeln bestreuen, dabei das Brot ebenfalls in die Sauce drücken. Cassoulet mit restlichem Öl beträufeln und ca. 30 Min. offen im Ofen weitergaren. Nach ca. 20 Min. sollte das Brot bräunen, evtl. den Backofengrill dazuschalten.

5 Für die Doradenfilets die Frühlingszwiebeln waschen, putzen und in feine Ringe schneiden. Die Chilischote putzen, entkernen und waschen, dann fein hacken. Die Filets in 1 EL Öl ca. 3 Min. mit der Haut nach oben anbraten. Dann wenden und mit einer Palette nach unten drücken, damit sie sich nicht wölben. Die Hitze erhöhen und die Filets auf der Hautseite knusprig braten.

6 Den Fisch aus der Pfanne nehmen. Frühlingszwiebelringe und Chili darin anbraten, aber nicht bräunen. Bevor sie dunkel werden, restliches Olivenöl, Salz und das Paprikapulver zugeben, die Filets darin schwenken und mit dem Bohnen-Cassoulet anrichten.

drachenkopf mit tomaten und crostini

ZUBEREITUNGSZEIT 35 MIN.
ZUTATEN FÜR 2 PERSONEN

ca. 750 g Drachenkopf
(vom Fischhändler küchenfertig vorbereiten lassen; ersatzweise Seeteufelkoteletts)
Salz, Pfeffer
1 Schalotte
2 Knoblauchzehen
1 Zweig Thymian
4 EL Olivenöl
400 ml Fischfond (aus dem Glas)
200 ml Weißwein
2 Fleischtomaten
1 Bund glatte Petersilie
2 Frühlingszwiebeln
1 Ciabatta (ital. Brot)

1 Drachenkopf abbrausen, gut trocken tupfen und innen und außen mit Salz und Pfeffer würzen. Schalotte und Knoblauch schälen. Die Schalotte und 1 Knoblauchzehe klein würfeln, die übrige Knoblauchzehe halbieren und beiseitelegen. Thymian waschen und trocken schütteln.

2 2 EL Olivenöl in einem großen Topf erhitzen. Schalotte und klein gewürfelten Knoblauch darin bei mittlerer Hitze andünsten. Mit Fischfond und Weißwein ablöschen und alles kurz aufkochen. Den Fisch mit dem Thymianzweig in den Topf geben und zugedeckt bei kleiner Hitze 20–25 Min. dünsten.

3 Inzwischen die Tomaten überbrühen, häuten, entkernen und ohne die Stielansätze in grobe Würfel schneiden. Petersilie waschen, trocken schütteln und grob hacken. Die Frühlingszwiebeln putzen, waschen und in grobe Ringe schneiden.

4 Für die Crostini das Ciabattabrot in Scheiben schneiden. Restliches Olivenöl in einer Pfanne erhitzen. Die Brotscheiben darin bei mittlerer Hitze auf beiden Seiten goldgelb rösten, mit der halbierten Knoblauchzehe abreiben und leicht salzen und pfeffern.

5 Kurz vor dem Anrichten die Tomatenwürfel, die Petersilie und die Frühlingszwiebeln zum Fisch geben und miterhitzen, dann den Fisch mit den Kräutertomaten und den Crostini servieren.

Ohne Soß' nichts los

Da fängt's schon an: Wie soll man eigentlich des Deutschen liebstes Getränk richtig schreiben? Französisch wie Sauce? Oder ganz schlicht auf Deutsch und dann womöglich noch zu Soß' verstümmelt? »Ohne Soß' nichts los!«, dieser humanistische Leitsatz hat Tradition, und ich bin damit aufgewachsen. Viel Sauce war und ist Überlebensmittel, um die Beilagen ohne Halskratzen über die Zunge zu bringen. Und in traditionellen Schwabenhaushalten, in denen der Vater das Fleisch aß und der Rest der Familie zuschaute, war die Soß' gewissermaßen Fleisch in flüssiger Form und der Olymp des Genusses. Fast jeder Schwabe nennt Spätzle und Soß' sein Lieblingsgericht.

Aromatische Rutschhilfe

Spätzle und Soß' – dahinter kann sich einiges verbergen, denn Sauce bedeutet eine Küchenwelt für sich. In Deutschland wird sie gerne gebunden, und es gibt Landstriche wie das Schwabenland, da sollte die Soß' so dick und cremig und möglichst mit der Gabel zu essen sein. Friedrich Nietzsche klagte schon darüber, dass so manche deutsche Sauce zum Briefbeschwerer verkommen sei. Die Zeiten sind aber längst vorbei.
Sieht man sich in der klassischen Kochkunst um, dann war es zuerst der Fond, also der ungebundene Bratensaft, der in Italien und Frankreich oft als aromastarke Klammerung das Gericht abrundete. Sauce als Rutschhilfe, um die Beilagen besser die Gurgel hinabzutransportieren, das sind Relikte der deutschen Armenküche, also der oben beschriebenen Praktiken, die ermöglichten, am Fleisch zu sparen und trotzdem alle Esser an der Illusion des Fleischessens teilhaben zu lassen.
Was heißt hier Fleisch? Selbstverständlich gibt es auch Fischsaucen, Gemüsesaucen oder die mittlerweile deutscheste aller Saucen, die Sauce Bolognese. Auch kalte Saucen sind in der guten Küche ständig gebräuchlich. Alleine von der Mayonnaise sind unzählige Ableitungen bekannt: Sauce Tartar, Sauce Ravigote, Sauce Remoulade oder Sauce Choron mit Tomaten.
Bleiben wir aber bei der warmen Küche: In der Nouvelle-Cuisine-Zeit war es verpönt die Saucen mit Mehlbutter zu binden. Die kochenden Weltmeister in den Siebziger- und Achtzigerjahren erfanden die Liaison, also die Bindung mit Sahne-Eigelb. Später entdeckte ich in Kochbüchern des achtzehnten Jahrhunderts diese Technik und kapierte, dass nicht mit meiner Generation das Kochen neu erfunden wurde. Mit Eigelb abgezogene Saucen dürfen nicht mehr kochen und können auch nicht mehr aufgewärmt werden. Deshalb hatte die Grande Cuisine der Franzosen seit jeher die optimale Lösung im Küchenrepertoire: Der Fond wurde gut reduziert und das Gebrodel anschließend mit Butterflocken angedickt und verfeinert. Fett transportiert den Geschmack. Und wer ohne Fett kocht, tut sich mit der Vollmundigkeit schwer.
Mein Lehrchef sagte immer: »Andere kochen mit Wasser, wir niemals!«. Stattdessen wollte er, dass man viel Wein verwendete und sich einer Grandjus zum Ablöschen bediente. Für letztere wurde während des vorbereitenden Kochens ein Topf mit Wasser auf den Herd gestellt. Alles, was übrig war, wanderte nicht in den Abfallkübel, sondern in diesen Topf: Fleischabschnitte, Hautfitzel, Gemüsereste, die Enden von Zwiebeln, die man klein geschnitten hatte. Für die Grandjus, auf Deutsch könnte man »Auffüllbrühe« sagen, verwendet man übrigens fast kein Salz. Denn dieser Fond dient hauptsächlich dem Ablöschen, und dabei reduziert sich die Flüssigkeit, verdichtet sich und wird dann ohnehin salziger.
Zum Schluss noch eine Unart, die sich in den letzten Jahren in professionellen Spitzenküchen epidemisch verbreitet hat: Die Saucen werden eingekocht, bis sie fast an Teer erinnern. Das übermäßige Reduzieren treibt die leichtflüchtigen Aromen aus dem Topf. Die ganze Küche duftet, ja das ganze Haus, und bei geöffnetem Küchenfenster ziehen die betörenden Düfte bis zum Nachbarn und machen diesen neidisch. Ganz klar: Die feinen Aromen sind überall, aber nicht mehr im Topf. Übrig bleibt eine fleischkräftige Dumpfheit, die dann gerne mit Madeira oder Portwein kompensiert wird. Deshalb laufen moderne Kochkünstler ständig mit der Portweinflasche durch die heiligen Küchenhallen.

In meiner Küche kommt zum einen Mehlbutter zum Einsatz. Am einfachsten bereite ich sie so zu: In einem Töpfchen Butter verflüssigen und mit Mehl zu gleichen Teilen zu einem Brei verrühren. Das ist viel bequemer, als kalte Butter mit Mehl zu verkneten, bis man Muskelkater hat. Durch starkes Reduzieren werden Saucen kräftiger, geradezu wuchtig, aber Vorsicht: Die Finesse bleibt auf der Strecke! Zum anderen binde ich den reduzierten Fond mit eiskalten kleinen Butterflocken. Und ganz wichtig: Sauce immer wieder probieren!

filets de soles à la duse

ZUBEREITUNGSZEIT 45 MIN.
ZUTATEN FÜR 4 PERSONEN

SEEZUNGE UND SAUCE

1 Schalotte
2 Seezungen (à 500 g; vom Fischhändler in 8 Filets teilen und küchenfertig vorbereiten lassen, die Gräten mitnehmen)
1 Lorbeerblatt
1 EL Butter
150 ml Weißwein
150 ml trockener Wermut
100 g Bio-Lachsfilet
125 g Sahne
1 EL Anisschnaps
Salz, Pfeffer
8 rohe, ungeschälte Garnelen
125 g Sahne
1 TL Mehlbutter (s. Seite 92/93)

REIS

100 g Langkornreis
300 g Gemüsebrühe

SPINAT

600 g junger Blattspinat
1 Schalotte
1 EL Butter
Salz, Pfeffer

1 Für die Seezunge die Schalotte schälen und grob hacken. Die Fischgräten kleiner hacken und mit Schalotte und Lorbeerblatt in der Butter andünsten. Mit Weißwein und Wermut ablöschen. Alles in ca. 5 Min. auf 1/4 l Flüssigkeit einkochen lassen. Fond passieren und beiseitestellen.

2 Das Lachsfilet klein hacken und mit Sahne, Anisschnaps, Salz und Pfeffer im Mörser, Mixer oder Cutter zu Mus verarbeiten.

3 Die Seezungenfilets pfeffern, salzen und auf der Rückenseite dünn mit dem Lachsmus bestreichen. Die Filets zusammenrollen und in eine flache Porzellanschüssel oder in Tassen setzen. Gefäße mit Klarsichtfolie verschließen und in einen breiten Topf stellen. Topf so hoch mit heißem Wasser füllen, dass Schüssel oder Tassen zu einem Drittel aus dem Wasser schauen. Fisch im heißen Wasserbad 15–20 Min. ziehen lassen.

4 Inzwischen den Reis zugedeckt in der Gemüsebrühe bei kleiner Hitze nach Packungsanweisung garen. Für die Sauce den selbst gekochten Fond nochmals aufkochen. Die Schalen und schwarzen Därme von den Garnelen entfernen. Garnelen im Fond ca. 4 Min. garen, dann herausnehmen. Die Sahne in den Topf geben und aufkochen. Sauce mit der Mehlbutter binden und mit dem Handrührgerät luftig aufschlagen.

5 Den Spinat waschen, verlesen und gut abtropfen lassen. Die Schalotte schälen, klein würfeln und in der Butter anschwitzen. Den Spinat dazugeben und bei mittlerer Hitze zusammenfallen lassen, salzen und pfeffern.

6 Die Seezungenfilets aus der Schüssel stürzen, die Garnelen obenauf drapieren, mit der Sauce übergießen und mit dem Reis und dem Spinat servieren.

seewolf in auberginen mit orangen-beurre-blanc

ZUBEREITUNGSZEIT 40 MIN.
ZUTATEN FÜR 2 PERSONEN

SEEWOLF UND AUBERGINEN

1 Aubergine
1 l Gemüsebrühe
1 Bund Basilikum
4–5 EL Olivenöl
1 kleine Knoblauchzehe (nach Belieben)
1 EL geriebenes Weißbrot (Semmelbrösel)
Salz, Pfeffer
2 Seewolffilets (à 180 g; s. unten)
1 EL Pinienkerne

ORANGEN-BEURRE-BLANC

1 Schalotte
1/2 Bio-Orange
1/8 l kräftige Gemüsebrühe
1 EL Weißwein
Salz, Pfeffer
4 EL kalte Butter

1 Die Aubergine waschen. Die »Bäckchen« rechts und links wegschneiden. Aubergine dann längs in acht ca. 4 mm dünne Scheiben schneiden. Gemüsebrühe aufkochen. Die Auberginenscheiben darin ca. 4 Min. kochen, herausnehmen und gut abtropfen lassen.

2 Das Basilikum waschen und trocken schütteln. Die Blättchen grob hacken und im Mixer mit 2–3 EL Olivenöl fein zerkleinern. Nach Belieben den Knoblauch schälen und durch die Presse dazudrücken. Die Semmelbrösel unterrühren. Die Basilikummischung mit Salz und Pfeffer würzen und abschmecken.

3 Für die Beurre blanc Schalotte schälen und fein würfeln. Orangenhälfte heiß abwaschen und abtrocknen. Die Schale abreiben, den Saft auspressen.

4 In einem kleinen Topf die Schalotte mit der Brühe und dem Wein aufkochen. 1 EL Orangensaft, Salz und Pfeffer zugeben, die Butter in kleinen Flocken unterrühren und die Flüssigkeit damit binden. Beurre blanc mit etwas Orangenschale abschmecken.

5 Je vier Auberginenscheiben überlappend nebeneinanderlegen und mit der Basilikummasse bestreichen. Fischfilet darin einwickeln und in restlichem Olivenöl zunächst auf der »Naht« ca. 4 Min. braten, dann vorsichtig wenden und weitere 4 Min. braten. Die Pinienkerne in einer Pfanne ohne Fett leicht rösten. Filets auf Tellern anrichten, mit Orangen-beurre-blanc umgießen und mit den Pinienkernen bestreut servieren.

»Kein Fisch verbreitet so viel Verwirrung wie der Seewolf, weshalb ich ihn auch gerne Steinbeißer nenne. Oft wird der Begriff Seewolf mit Wolfsbarsch verwechselt, was einen ziemlichen Unterschied ausmacht.«

wolfsbarsch mit rosmarinkartoffeln

ZUBEREITUNGSZEIT 50 MIN.
ZUTATEN FÜR 2 PERSONEN

8 kleine festkochende Kartoffeln
1 Zweig Rosmarin
3 Zwiebeln
5 EL Olivenöl
Salz, Pfeffer
1 Wolfsbarsch (Loup de mer; 600–700 g; vom Fischhändler schuppen und küchenfertig vorbereiten lassen)
2 EL schwarze Oliven ohne Stein
8 kleine Strauchtomaten

AUSSERDEM
Küchengarn

1 Den Backofen auf 180° vorheizen. Die Kartoffeln waschen, schälen und der Länge nach vierteln. Den Rosmarin waschen und trocken schütteln. Die Nadeln abstreifen. 2 Zwiebeln schälen und in grobe Würfel schneiden. Die Zwiebel- und Kartoffelstücke in 3 EL Olivenöl in einem großen Bräter anbraten und mit Salz und Pfeffer würzen. Rosmarin unterrühren und alles im Ofen (Mitte; Umluft 160°) ca. 15 Min. garen, dabei ab und zu die Kartoffeln wenden.

2 Inzwischen den Fisch abbrausen, gut trocken tupfen, salzen und pfeffern. Die übrige Zwiebel schälen und in grobe Würfel schneiden. Oliven nach Belieben kleiner schneiden und mit der Zwiebel in einer Pfanne 3–5 Min. andünsten. Den Fisch mit der Zwiebel-Oliven-Masse füllen und mit Küchengarn fixieren. Restliches Olivenöl in einer beschichteten Pfanne erhitzen. Den Fisch darin bei mittlerer Hitze rundherum anbraten.

3 Die Kartoffeln nach 15 Min. Garzeit im Bräter zur Seite schieben und den Fisch in die Mitte legen. Fisch und Kartoffeln weitere 15 Min. im Ofen garen. Dann die Tomaten waschen, untermischen und alles noch ca. 5 Min. garen. Den Fisch vor dem Servieren filetieren und mit den Kartoffeln und den Tomaten anrichten.

jakobsmuscheln mit zucchiniragout und zitronenextrakt

ZUBEREITUNGSZEIT 1 STD.
GARZEIT 15 MIN.
ZUTATEN FÜR 2 PERSONEN
ODER FÜR 4 IM RAHMEN EINES MENÜS

ZITRONENEXTRAKT

2 Bio-Zitronen
1/2 frische rote Chilischote
1/2 Vanilleschote
1 Msp. Zimt
1 TL grob gemahlener Pfeffer
1/8 l Orangensaft
Meersalz

ZUCCHINIRAGOUT

1 Zucchino
1 kleine Zwiebel
1 kleine Knoblauchzehe
3–4 Stängel glatte Petersilie
1 Fleischtomate
1 EL Olivenöl
1/8 l Gemüsebrühe
50 g Sahne
1/2 TL Speisestärke
Salz, Pfeffer

JAKOBSMUSCHELN

2 Schalotten
1–2 Stängel Estragon
6–8 küchenfertig vorbereitete Jakobsmuscheln ohne Schale (ca. 200 g)
Salz, Pfeffer
2 EL Olivenöl
1/4 l Fischfond (aus dem Glas)
1 Msp. Safranfäden oder gemahlener Safran
1 EL kalte Butter

1 Für den Extrakt Zitronen heiß abwaschen und abtrocknen. 1 Zitrone mit Schale klein hacken, die andere schälen und ebenfalls hacken. Chili putzen, entkernen und waschen, dann fein würfeln. Die halbe Vanilleschote längs halbieren und auskratzen. Zitronenstücke mit Chili, Vanillemark, Zimt, Pfeffer, Orangensaft und 1/2 TL Salz aufkochen und bei kleiner Hitze ca. 15 Min. köcheln lassen, dann in ein Schraubverschlussglas geben. Hier brauchen Sie nur 1 TL Zitronenwürze. Sie können den Extrakt im Voraus zubereiten und ein paar Tage ziehen lassen.

2 Für das Zucchiniragout Zucchino waschen, putzen und fein würfeln. Zwiebel und Knoblauch schälen und klein würfeln. Petersilie waschen und trocken schütteln. Blättchen fein hacken. Tomate überbrühen, häuten, entkernen und ohne die Stielansätze würfeln. Zucchini- und Zwiebelwürfel im Olivenöl andünsten, aber nicht bräunen. Knoblauch dazugeben und alles mit Brühe und Sahne ablöschen. Speisestärke mit Wasser glatt rühren und unterrühren. Alles aufkochen und in 5–8 Min. zu einem sämigen Ragout einkochen lassen. Tomaten und Petersilie unterrühren. Ragout mit Salz und Pfeffer abschmecken.

3 Inzwischen für die Jakobsmuscheln Schalotten schälen und klein würfeln. Estragon waschen und trocken schütteln. Blättchen fein hacken. Die Jakobsmuscheln waschen, putzen, trocken tupfen und mit Salz und Pfeffer würzen. Das Olivenöl erhitzen. Die Muscheln darin bei großer Hitze in ca. 2 Min. braun braten. Jakobsmuscheln herausnehmen und die Schalotten in der Pfanne anbraten, mit Fischfond ablöschen. Alles mit dem Safran ca. 5 Min. einkochen lassen. Es sollten nur 4 EL Flüssigkeit übrig bleiben.

4 Estragon mit 1 TL Zitronenwürze in den Fond geben. Bei großer Hitze die Jakobsmuscheln dazugeben. Die Butter in kleinen Flocken unterrühren und den Fond damit binden. Jakobsmuscheln mit dem Zucchiniragout servieren. Als Beilage eignen sich in Olivenöl geröstete Weißbrotscheiben.

jakobsmuscheln mit fenchel-orangen

ZUBEREITUNGSZEIT 25 MIN.
ZUTATEN FÜR 2 PERSONEN
ODER 4 IM RAHMEN EINES MENÜS

1 Orange
1 Stück frischer Ingwer (ca. 1 cm)
1/2 TL getrockneter grüner Pfeffer
1 Msp. abgeriebene Bio-Zitronenschale
Salz
5 EL Olivenöl
1 Fenchelknolle mit Grün
1 Spritzer Zitronensaft
6 große, küchenfertig vorbereitete Jakobsmuscheln ohne Schale (ca. 200 g)
Pfeffer

1 Die Orange großzügig schälen, dabei die weiße Haut vollständig entfernen. Die Orange filetieren, dabei den Saft auffangen. Den Ingwer schälen und fein reiben. Den grünen Pfeffer im Mörser zerstoßen.

2 Aufgefangenen Orangensaft, Zitronenschale, Ingwer und zerstoßenen grünen Pfeffer mit etwas Salz und 2 EL Olivenöl zu einem Dressing verrühren. Den Fenchel putzen, waschen und in dünne Scheibchen hobeln. Zartes Fenchelgrün kleiner zupfen und beiseitelegen. 1 EL Olivenöl in einer Pfanne erhitzen. Fenchel darin bei großer Hitze anbraten. Aus der Pfanne nehmen, mit dem Dressing vermischen und mit Zitronensaft abschmecken. Die Orangenfilets untermischen.

3 Die Jakobsmuscheln waschen, putzen, trocken tupfen und mit Salz und Pfeffer würzen. Restliches Olivenöl in einer Pfanne erhitzen. Die Muscheln darin von beiden Seiten kurz braten, aber nicht durchbraten. Sie sollten innen noch glasig sein. Die Muscheln mit einem Bundmesser oder anderen Messer horizontal durchschneiden, so dass Sie dünnere Scheiben erhalten. Scheiben noch mal ganz kurz in der Pfanne anbraten.

4 Den Fenchelsalat auf Tellern jeweils in der Mitte anrichten. Dazwischen die gebratenen Jakobsmuscheln platzieren und mit dem Fenchelgrün servieren.

»Zur Verfeinerung noch 1 Msp. Safran unter die Jakobsmuscheln mischen und dann mitbraten!«

lachs mit gerösteten pinienkernen und estragon

ZUBEREITUNGSZEIT 35 MIN.
ZUTATEN FÜR 2 PERSONEN

300 g Bio-Lachsfilet
Salz, Pfeffer
1 Schalotte
1–2 Stängel Estragon
1 EL Pinienkerne
3 EL kalte Butter
1/8 l Fischfond (aus dem Glas)
1/8 l trockener Wermut

1 Das Lachsfilet säubern, evtl. Gräten herauszupfen, die durchsichtige Haut und das graue Fett entfernen. Das Filet in zwei Portionsstücke teilen, salzen und pfeffern. Die Schalotte schälen und fein würfeln. Estragon waschen und trocken schütteln. Die Blättchen fein hacken.

2 Die Pinienkerne hacken, in einer Pfanne ohne Fett leicht rösten, aus der Pfanne nehmen und beiseitestellen. 1 EL Butter in der Pfanne erhitzen. Die Lachsstücke darin pro Seite jeweils ca. 3 Min. braten. Dann auf einen heißen Teller geben, mit Alufolie dicht abdecken und beiseitestellen.

3 Die Schalottenwürfel in 1 EL Butter andünsten, mit dem Fischfond und dem Wermut ablöschen und die Flüssigkeit um die Hälfte einkochen lassen. Gehackten Estragon zugeben. Den Lachs wieder in die Pfanne geben und darin erwärmen. Die restliche Butter in kleinen Flocken unter den Fond rühren und damit binden. Alles mit Salz und Pfeffer abschmecken und mit den Pinienkernen bestreut servieren. Als Beilage passen dazu Reis, Salzkartoffeln oder Gnocchi (s. Seite 81).

»Den Fisch nicht zu lange braten! Wird Lachs komplett durchgegart, wird er sehr trocken.«

wolfsbarsch auf gemüsebouillabaisse

ZUBEREITUNGSZEIT 50 MIN.
ZUTATEN FÜR 4 PERSONEN

GEMÜSE UND WOLFSBARSCH

6 kleine italienische Artischocken, Salz
2 Schalotten
2 Knoblauchzehen
2 Möhren
1 Fenchelknolle
1/2 Stange Lauch
2 Stangen Staudensellerie
4 Tomaten
2 EL Olivenöl
4 EL Anisschnaps (nach Belieben)
1/4 l Weißwein
1/4 l Fischfond (aus dem Glas)
1–2 Lorbeerblätter
1/2 TL grob zerstoßene Pfefferkörner
Pfeffer
4 kleine Wolfsbarschfilets (Loup de mer)

SAUCE ROUILLE

1/2 frische rote Chilischote
1 Knoblauchzehe
2 zimmerwarme, sehr frische Eigelb (Größe M)
1/8 l Olivenöl
1 Msp. Safranfäden oder gemahlener Safran
1 TL rosenscharfes Paprikapulver
2–3 EL Zitronensaft
Salz, Pfeffer

1 Für die Gemüsebouillabaisse die Artischockenstiele kürzen und zur Blüte hin schälen, dabei alles Grüne entfernen. Die Artischocken putzen, die harten äußeren Blätter entfernen und die Spitzen kappen. Reichlich Salzwasser aufkochen. Die geputzten Artischocken darin ca. 25 Min. kochen lassen, dann in ein Sieb abgießen und eiskalt abschrecken. Artischocken vierteln. Das Heu, falls nötig, entfernen.

2 Inzwischen für die Sauce Rouille Chili putzen, entkernen und waschen, dann fein hacken. Knoblauch schälen, durch die Presse drücken und mit den Eigelben in eine Schüssel geben. Alles mit dem Schneebesen langsam verrühren. Nun in sehr dünnem Strahl das Olivenöl dazulaufen lassen, dabei kräftig rühren, bis eine Mayonnaise entstanden ist. Safran, Chili, Paprika und 2 EL Zitronensaft unterrühren. Die Sauce mit Salz, Pfeffer und evtl. noch etwas Zitronensaft abschmecken.

3 Für die Gemüsebouillabaisse Schalotten und Knoblauch schälen und fein würfeln. Möhren, Fenchel, Lauch und Staudensellerie waschen bzw. schälen, putzen und in 2 cm große Würfel schneiden. Die Tomaten überbrühen, häuten, entkernen und ohne die Stielansätze würfeln.

4 1 EL Öl in einem Topf erhitzen. Schalotten, Knoblauch, Möhren, Fenchel, Lauch und Sellerie darin bei mittlerer Hitze ca. 5 Min. andünsten, dann mit Anisschnaps ablöschen. Weißwein und Fischfond zugießen und aufkochen. Tomatenwürfel, Lorbeer, Pfefferkörner, etwas Salz und geviertelte Artischocken hineingeben und alles 10–15 Min. bei mittlerer Hitze kochen lassen.

5 Die Fischfilets salzen und pfeffern und pro Seite ca. 2 Min. im restlichen Olivenöl braten. Das Gemüse auf tiefen Tellern anrichten, die Filets daraufsetzen, mit Brühe umgießen und mit Sauce Rouille servieren. Dazu passt getoastetes Baguette.

rotbarbe mit artischockengemüse

ZUBEREITUNGSZEIT 1 STD.
ZUTATEN FÜR 2 PERSONEN
ODER FÜR 4 IM RAHMEN EINES MENÜS

8 kleine italienische Artischocken
1 Schalotte
3–4 EL Olivenöl
1 Msp. Safranfäden oder gemahlener Safran
Salz, Pfeffer
80 ml Gemüsebrühe
1 TL Butter
2 Rotbarben (vom Fischhändler filetieren lassen; s. unten)
2 Lorbeerblätter

1 Die Artischocken putzen, die harten äußeren Blätter entfernen und die Spitzen kappen. Den Artischockenstiel kürzen und zur Blüte hin schälen, dabei alles Grüne entfernen. Die Schalotte schälen und klein würfeln.

2 In einer Pfanne knapp 2 EL Olivenöl erhitzen. Die geputzten Artischocken in dünne Scheiben schneiden und im Öl ca. 5 Min. wie Bratkartoffeln braten. Dann die Schalottenwürfel zu den Artischocken geben. Safran, Salz und Pfeffer untermischen und alles mit der Brühe ablöschen. Die Butter in kleinen Flocken unterrühren. Alles einkochen lassen, bis die Artischockenscheiben mit Sauce umglänzt sind.

3 Die Rotbarbenfilets mit Salz und Pfeffer würzen und in einer Pfanne im restlichen Öl pro Seite ca. 4 Min. braten, dabei die Lorbeerblätter ins Bratfett legen. Die Fischfilets auf den Artischocken anrichten und sofort servieren.

»Es gibt zweierlei Rotbarben im hiesigen Fischhandel: Die kleinen, sehr roten stammen von der afrikanischen Küste und die größeren, bleicheren Exemplare von der französischen Atlantikküste. Letztere sind eindeutig die besseren.«

ACHATS
TE

seehecht mit spinat und thymiankartoffeln

ZUBEREITUNGSZEIT 45 MIN.
ZUTATEN FÜR 2 PERSONEN

THYMIANKARTOFFELN

4 festkochende Kartoffeln
1/2 Bund Thymian
2 EL Olivenöl
grobes Meersalz

SEEHECHT UND SPINAT

400 g Seehechtfilet (Colin, Merluzzo; ersatzweise Kabeljau)
Salz, Pfeffer
200 g Spinat
2 Schalotten
2 Knoblauchzehen
1 Sardellenfilet
6–8 EL Olivenöl
1 TL fein gehackter Rosmarin
2 EL Anisschnaps
1 Fleischtomate
frisch geriebene Muskatnuss
2 EL geriebenes Weißbrot (Semmelbrösel)

1 Für die Kartoffeln den Backofen auf 180° vorheizen. Die Kartoffeln waschen, schälen, vierteln und auf ein Backblech legen. Thymianzweige waschen, trocken schütteln und dazwischen verteilen. Kartoffeln mit Olivenöl beträufeln, salzen und im Ofen (Mitte; Umluft 160°) ca. 30 Min. garen.

2 Inzwischen das Fischfilet in zwei gleich große Stücke schneiden, salzen und pfeffern. Den Spinat verlesen, waschen und gut abtropfen lassen. Schalotten und Knoblauch schälen und fein würfeln. Das Sardellenfilet fein hacken.

3 2 EL Olivenöl in einem Topf erhitzen, Schalotten und Knoblauch darin bei mittlerer Hitze anschwitzen. Sardellen und Rosmarin dazugeben. Anisschnaps angießen. Den Spinat dazugeben und bei großer Hitze zusammenfallen lassen, dabei vorsichtig rühren, damit möglichst viel Fond verdunstet. Spinat in ein Sieb geben und abtropfen und leicht abkühlen lassen.

4 Inzwischen die Tomate waschen oder nach Belieben überbrühen und häuten. Tomaten entkernen und ohne die Stielansätze würfeln. Den Spinat ausdrücken, fein hacken und mit Salz, Pfeffer und 1 Prise Muskat würzen. In einer kleinen Pfanne 1 EL Olivenöl erhitzen, darin die Tomatenwürfel anbraten, salzen und pfeffern.

5 Den Backofengrill vorheizen. Die Kartoffeln aus dem Ofen nehmen. 2 EL Olivenöl in einer ofenfesten Pfanne erhitzen und die Fischfilets von beiden Seiten in knapp 3 Min. kross anbraten. Den Spinat auf die Filets geben und leicht andrücken, darauf die Tomatenwürfel verteilen. Die Semmelbrösel mit einer Gabel mit 1 EL Olivenöl vermengen und über die Tomaten streuen. Den Fisch unter dem heißen Backofengrill kurz gratinieren, bis die Brösel leicht gebräunt sind. Nach Belieben noch mit etwas Olivenöl beträufeln und mit den Thymiankartoffeln servieren.

gefüllte calamari

ZUBEREITUNGSZEIT 1 STD. 30 MIN.
ZUTATEN FÜR 2 PERSONEN

4 EL Langkornreis
Salz
6 reife Tomaten
8 Schalotten
2 Knoblauchzehen
1 dickes Bund Basilikum
3–4 EL Olivenöl
1/4 l Gemüsebrühe
1 Ei (Größe M)
2 EL geriebenes Weißbrot (Semmelbrösel)
Pfeffer
2 große, küchenfertig vorbereitete Tintenfischtuben (Calamari; ca. 500 g)
1/4 l Weißwein

AUSSERDEM
Zahnstocher

1 Den Reis in reichlich Salzwasser nach Packungsanweisung garen, dann in ein Sieb abgießen. Inzwischen die Tomaten überbrühen, häuten und entkernen. 2 Tomaten ohne die Stielansätze würfeln, die restlichen vierteln und nach Belieben entkernen. Die Schalotten schälen. 2 Schalotten klein würfeln, die restlichen vierteln. Knoblauch schälen und klein würfeln. Basilikum waschen und trocken schütteln. Gut die Hälfte der Blättchen in feine Streifen schneiden, die übrigen beiseitelegen.

2 1 EL Olivenöl in einer kleinen Pfanne erhitzen. Die Schalottenwürfel darin mit der Hälfte des Knoblauchs anbraten. Die Tomatenwürfel dazugeben. Alles mit 200 ml Gemüsebrühe ablöschen und ca. 5 Min. bei großer Hitze einkochen lassen, dann den Reis und das geschnittene Basilikum zugeben. Alles etwas abkühlen lassen, dann das Ei und die Semmelbrösel untermischen. Die Füllung mit Salz und Pfeffer abschmecken.

3 Die Calamari waschen, trocken tupfen und die kleine Öffnung mit Zahnstochern verschließen. Die Füllung mit einem kleinen Löffel in die Calamari drücken, dann die große Öffnung ebenfalls mit Zahnstochern verschließen.

4 Die Schalottenviertel mit dem restlichen Knoblauch in 1 EL Olivenöl andünsten. Die gefüllten Calamari zugeben und bei größerer Hitze rundum anbraten, dann mit restlicher Brühe ablöschen. Den Wein angießen und die Calamari zugedeckt ca. 20 Min. schmoren.

5 Den Deckel abnehmen, die Tomatenviertel dazugeben und den Fond noch 5 Min. bei großer Hitze einkochen lassen. Die beiseitegelegten Basilikumblätter dazugeben und die Calamari mit Olivenöl beträufelt servieren.

»Die Calamari wirklich braten! Sie dürfen gerne dunkle Bratflecken bekommen. Durch das leichte, kontrollierte Anbrennen entfalten sie ein unvergleichliches Aroma, das für mich sofort Assoziationen an den Süden erweckt.«

Reizvolle Verwandlungskünstler

Kaum zu glauben: Tintenfische sind fast unverändert seit über dreihundert Millionen Jahren unterwegs. Da kommt mir der Verdacht, dass diese Tiere ziemlich schlau sein müssen, denn sonst hätten sie nicht so lange ihr feindliches Umfeld überdauert. Tintenfische sind richtige Verwandlungskünstler, können schlagartig ihre Farbe ändern, haben menschenähnliche Augen, sagenhafte drei Herzen und wenn die Gefahr zu groß ist, wird Tinte ins Freie gepumpt und im Schutze des sepiablauen Farbnebels die Flucht angetreten.

Von Torpedos und kiloschweren Kraken

Es gibt viele unterschiedliche Tintenfischarten. Für die Küche sind die wichtigsten die Kalmare (Calamari), die Sepie und die Kraken. Calamari haben einen ziemlich langen torpedoartigen Körper und sind weitaus günstiger als Sepien oder Kraken.
Die Körper der kleinen Sepien, Sepiole oder Sepioline genannt, sind weiß und eierförmig. Kraken oder Pulpo, auch Oktopus genannt, wirken eher gedrungen und recken acht richtig dicke Arme von sich. Sie können bis vier Meter groß werden. Meist kommen bis zu einem Kilo schwere Tiere in den Handel. Sie sollten mindestens eine Stunde lang weich gekocht werden. Wer daran glaubt, kann einen Korken ins Kochwasser geben. Hartnäckig hält sich die Mär, die Tintenfische würden dadurch schneller weich. Mir hat das jedenfalls eine Portugiesin geraten, und weil ich in belanglosen Dingen liebend gerne abergläubisch bin, glaube ich fest dran.
Sepie und Calamari kann man in feine Streifen schneiden und in Olivenöl in einer sehr heißen Pfanne kurz und schnell anrösten. Den Zähnen bieten sie danach immer noch gewissen Widerstand, und das hat seine Reize. Mit den großen Kraken funktioniert das nicht, die muss man wirklich weich kochen. Und da das manchem italienischen Koch zu langwierig ist, siedet er den Pulpo nur kurz. Das Ergebnis wird dann gerne als Tintenfischsalat serviert, der aber treffender als Radiergummisalat firmieren sollte.
Tintenfische geistern seit Beginn der christlichen Seefahrt in den Hirnen der Matrosen herum. Man soll schon die Teile von zwanzig Meter langen Oktopussen am Strand gefunden haben. Für die meisten Seeleute sind diese Tiere ein Menetekel der Vereinnahmung. Sie stehen im schrecklichen Ruf, viele Fischer in die Tiefe gezogen zu haben. In der klassischen Marinemalerei sind die Darstellungen von Seeleuten Legion, die gegen Wind und Wellen kämpfen, vom Kentern bedroht, um dann auch noch von den Tentakeln der Kraken den Hals abgeschnürt zu kriegen.
Die Fama berichtet von Seeleuten, die stundenlang Tintenfische verprügeln, um ihren Frust abzureagieren. Sicher hat schon mancher davon gehört, dass Capitanos Pulpos mit Macht und Eifer an die Kaimauer hauen. Die Wahrheit hört sich jedoch einfacher an: Schon kurz nach der Anlandung geraten Fische in eine bretttharte Totenstarre. Längliche oder platte Fische kann man trotzdem raumsparend in Kisten sortieren, aber Tintenfische sind so zu sperrig für den Transport. Also werden sie weich geklopft. Nun können sie in Kisten dicht aneinander liegen, und der Seemann hat obendrein seinen Seelenfrieden.
All die Rituale und Legenden kann man beiseitelassen, wenn man Hunger hat. Tintenfische sind äußerst vielseitig zu verwenden. Roh und sehr kurz gebraten, quasi in der rauchenden Pfanne, sind sie innen noch recht fest. Für diese Art der Zubereitung eigenen sich Calamari oder Sepie. Pulpos kocht man auf alle Fälle weich. Dafür kann man sie dann verwenden wie gekochtes Fleisch: dünn aufgeschnitten als Carpaccio, als Salat angemacht, in groben Stücken ähnlich eines Gulaschs oder Ragouts, vielleicht in Tomatensauce oder auch schwimmend im Fond als *pot au feu* mit Gemüsen und etwas Safran.

Vom Fischhändler können Sie sich Tintenfischtuben für Tielle de Sète (Rezept nächste Seite) oder gefüllte Calamari (Rezept Seite 112) küchenfertig vorbereiten lassen. Ansonsten muss man selber ran: Haut abziehen und Fangarme wegschneiden. Den Kopf entfernen, die Kauwerkzeuge an den Tentakeln umstülpen und entnehmen. Die Tuben dann in Streifen schneiden und kochen oder füllen und braten. Bei kleinen Tintenfischen kann man das Fischbein einfach herausziehen und den Kopf mit den Tentakeln mit Leichtigkeit entfernen.

tielle de sète

ZUBEREITUNGSZEIT 1 STD. 30 MIN.
BACKZEIT 30 MIN.
ZUTATEN FÜR 1 TARTE- ODER SPRINGFORM MIT 26 CM Ø

TEIG

250 g Mehl
100 g Schweineschmalz
2 EL Zucker, Salz
2–3 EL Weißwein

BELAG

1 Zwiebel
4 Knoblauchzehen
1 frische rote oder grüne Chilischote
3 Tomaten
800 g geputzte und küchenfertig vorbereitete Tintenfischtuben (Sepie oder Calamari)
5 EL Olivenöl
100 ml Weißwein
1/2 TL Majoran
Salz, Pfeffer
Butter für die Form
1 Eigelb zum Bestreichen

1 Aus Mehl, Schmalz, Zucker und 1 TL Salz einen Mürbeteig kneten, dabei so viel Weißwein zugeben, dass ein fester, glatter Teig entsteht. Teig in Folie wickeln und mind. 1 Std. ruhen lassen.

2 Inzwischen für den Belag Zwiebel und Knoblauch schälen und klein würfeln. Chili putzen, entkernen und waschen, dann fein würfeln. Die Tomaten überbrühen, häuten, entkernen und ohne die Stielansätze würfeln. Die Tintenfischtuben waschen, in feine Ringe schneiden und im Olivenöl mit den Zwiebeln anbraten. Den Knoblauch dazugeben. Alles mit Wein ablöschen und die Tintenfischringe mit Tomaten, Chili und Majoran in ca. 45 Min. weich kochen. Ragout salzen und pfeffern.

3 Den Backofen auf 180° vorheizen. Etwas Teig für einen Tartedeckel beiseitelegen. Den übrigen Teig dünn und rund ausrollen und in die gebutterte Tarteform legen, dabei einen Rand hochziehen. Die geschmorten Tintenfischringe einfüllen. Den beiseitegelegten Teig rund und dünn ausrollen, in der Mitte einen 1 cm großen Ring ausstechen. Die Tarte damit abdecken. Das Eigelb verquirlen. Die Tarte damit bepinseln und im Ofen (Mitte; Umluft 160°) in ca. 30 Min. goldbraun backen und am besten lauwarm servieren.

»Ein gedeckter Kuchen letztlich! Zu heiß sollte er nicht an den Tisch kommen. Lauwarm vor den Gästen geöffnet, verströmt er ein betörendes Aroma. Obwohl dies kein sehr teures Gericht ist, werden alle Esser auch wegen des Zelebrierens große Freude haben.«

Fleisch und Geflügel

scaloppine all'aceto balsamico

ZUBEREITUNGSZEIT 30 MIN.
ZUTATEN FÜR 2 PERSONEN

1 Schalotte
1 Knoblauchzehe
2 Stängel glatte Petersilie
4 dünne Kalbsschnitzel (à 80 g; s. unten)
Salz, Pfeffer
2 EL kalte Butter
1 gehäufter TL Mehl
1/8 l Fleischbrühe
1/8 l Weißwein
Aceto balsamico zum Beträufeln

1 Schalotte und Knoblauch schälen und klein würfeln. Petersilie waschen und trocken schütteln. Die Blättchen fein hacken.

2 Die Schnitzelchen zwischen Frischhaltefolie mit einer Pfanne hauchdünn klopfen, salzen und pfeffern. 1 EL Butter in einer Pfanne erhitzen. Die Schnitzelchen darin pro Seite ca. 2 Min. bei kleiner Hitze braten.

3 Die Scaloppine im Backofen bei 60° warm stellen. In der Pfanne Schalotten und Knoblauch anbraten, dann mit dem Mehl bestäuben. Brühe und Weißwein angießen, aufkochen und einkochen lassen, bis die Sauce leicht andickt. Sauce mit Salz und Pfeffer abschmecken.

4 Das Fleisch mit dem Saft wieder in die Pfanne geben. Alles bei großer Hitze kurz aufkochen. Die restliche Butter in kleinen Flocken unterrühren und die Sauce damit binden. Die Scaloppine mit der Sauce anrichten, mit Balsamico beträufeln und mit Petersilie bestreut servieren.

»Wenn hier von Schnitzelchen die Rede ist, hat man das ernst zu nehmen. Fleischfetzen teutonischer Prägung sind bis auf das Bistecca Fiorentina in der italienischen Küche nicht üblich. Je dünner man das Fleisch klopft, umso größer wird die Röstfläche.«

involtini vom kalb mit salbei

ZUBEREITUNGSZEIT 40 MIN.
ZUTATEN FÜR 2 PERSONEN
ODER FÜR 4 IM RAHMEN EINES MENÜS

2 Schalotten
4 EL kalte Butter
1 TL Dijonsenf
4 dünne Kalbsschnitzel (à ca. 80 g)
Salz, Pfeffer
1 TL Orangenmarmelade
12 Salbeiblätter
1 EL Orangenlikör
1/8 l Orangensaft
1/8 l kräftige Fleischbrühe

AUSSERDEM
Zahnstocher (nach Belieben)

1 Die Schalotten schälen, in hauchdünne Scheiben schneiden und in einer Pfanne in 1 EL Butter anschwitzen. Dann den Senf untermischen.

2 Die Schnitzel zwischen Frischhaltefolie mit einer Pfanne hauchdünn klopfen (s. unten). Schnitzel salzen, pfeffern und mit der Orangenmarmelade bestreichen. Salbei waschen, trocken schütteln und mit den Senfschalotten auf den Schnitzeln verteilen. Die Schnitzel eng zusammenrollen und nach Belieben mit Zahnstochern fixieren.

3 2 EL Butter in einer Pfanne erhitzen. Die Röllchen darin bei kleiner bis mittlerer Hitze zunächst auf der »Naht« anbraten, dann von allen Seiten in insgesamt 10 Min. goldbraun braten. Die Fleischröllchen aus der Pfanne nehmen, mit Alufolie abdecken und im Backofen bei 60° warm stellen.

4 Den Bratensatz in der Pfanne mit dem Orangenlikör und dem Orangensaft ablöschen. Die Fleischbrühe dazugießen und alles um die Hälfte einkochen lassen. Die restliche Butter in kleinen Flocken unterrühren und die Sauce damit binden. Involtini mit der Sauce beträufelt servieren.

»Bei diesem italienischen Rezept sollte das Fleisch so dünn geklopft werden, dass es jede Spannung verliert. So lässt es sich gut zusammenrollen, ohne wieder auseinanderzustreben.«

fricandeau de veau à l'oseille

ZUBEREITUNGSZEIT 45 MIN.
GARZEIT 2 STD.
ZUTATEN FÜR 4 PERSONEN

FRICANDEAU

1 Zwiebel
1 Möhre
1/4 Knollensellerie
800 g Kalbsnuss
Salz, Pfeffer
2 EL Olivenöl
1/4 l Weißwein
1/4 l Kalbsfond (aus dem Glas)
100 g Sahne
1 EL Mehlbutter (s. Seite 92/93)
1 Bund Sauerampfer

MANGOLDGEMÜSE

1 Mangold
1 Schalotte
2 EL Olivenöl
Salz, Pfeffer
frisch geriebene Muskatnuss

1 Den Backofen auf 80° vorheizen (Umluft nicht geeignet), Temperatur am besten mit einem Backofenthermometer kontrollieren. Eine feuerfeste Form bzw. einen Bräter zum Anwärmen mit in den Ofen geben. Die Zwiebel schälen und sehr klein würfeln. Möhre und Knollensellerie schälen, putzen und sehr klein würfeln. Das Fleisch salzen und pfeffern.

2 Das Olivenöl in einer Pfanne erhitzen. Das Fleisch darin ca. 5 Min. bei mittlerer bis starker Hitze rundum anbraten, dann in den vorgewärmten Bräter geben und im heißen Ofen (Mitte) ca. 2 Std. garen. Das Gemüse in der Pfanne anrösten, dann in der Pfanne beiseitestellen. Nach 2 Std. Garzeit das Fleisch aus dem Ofen nehmen, in Alufolie wickeln und im ausgeschalteten Ofen warm stellen. Evtl. Bratenfond aus dem Bräter in die Pfanne mit dem Gemüse gießen. Pfanne erneut erhitzen und Bratensatz mit dem Weißwein und dem Kalbsfond ablöschen. Alles bei starker Hitze aufkochen und etwas einkochen lassen, dann durch ein Sieb passieren.

3 Gegen Ende der Fleischgarzeit für das Mangoldgemüse den Mangold putzen, waschen und trocken schütteln. Die weißen Strünke aus den Blättern herausschneiden und sehr fein würfeln. Die grünen Blätter ebenfalls fein schneiden. Schalotte schälen, klein würfeln und in einer Pfanne im Olivenöl anschwitzen. Die weißen Mangoldwürfel dazugeben und 2–3 Min. mitdünsten. Dann die grünen Blätter untermischen und ca. 4 Min. bei mittlerer Hitze mitbraten. Mangoldgemüse mit Salz, Pfeffer und 1 Prise Muskat würzen und abschmecken.

4 Die Bratensauce nochmals aufkochen, die Sahne dazugießen und kurz mitkochen lassen. Die Sauce mit der Mehlbutter binden. Den Sauerampfer waschen und trocken schütteln. Die Blätter sehr fein schneiden und kurz vor dem Servieren unter die Sauce mischen. Den Braten tranchieren und auf vorgewärmten Tellern mit Sauce und Mangoldgemüse anrichten.

»Dieses Gericht hat in der klassischen französischen Küche eine große Bedeutung. Kalbsnuss wird niemals durchgebraten, denn das Ergebnis wäre ein knochentrockenes Stück Fleisch.«

ossobuco mit petersilienwurzeln

ZUBEREITUNGSZEIT 30 MIN.
GARZEIT 1 STD. 20 MIN.
ZUTATEN FÜR 4 PERSONEN

OSSOBUCO

je 100 g Möhre, Lauch und Staudensellerie
1 Zwiebel
1 Knoblauchzehe
1 Zweig Rosmarin
2 Tomaten
2 EL Olivenöl
4 Kalbshaxenscheiben
(à ca. 300 g; s. unten)
Salz, Pfeffer
1 Msp. abgeriebene Bio-Zitronenschale
1/4 l Rotwein

PETERSILIENWURZELN

500 g junge Petersilienwurzeln
1 Schalotte
1 EL Butter
1 TL Zucker
1/8 l Gemüsebrühe
Salz, Pfeffer

1 Möhre, Lauch und Staudensellerie putzen, waschen bzw. schälen und sehr klein würfeln. Zwiebel und Knoblauch schälen und klein würfeln. Rosmarin waschen und trocken schütteln. Die Nadeln abstreifen und fein hacken. Die Tomaten überbrühen, häuten, entkernen und ohne die Stielansätze würfeln.

2 Das Olivenöl in einem flachen großen Schmortopf erhitzen. Die Kalbshaxenscheiben salzen und pfeffern und im Olivenöl pro Seite ca. 2 Min. bei mittlerer Hitze anbraten. Gemüsewürfel, Tomaten, Zwiebel, Knoblauch und Rosmarin mit in den Topf geben und alles zugedeckt bei mittlerer Hitze ca. 1 Std. langsam schmoren. Setzt sich das Fleisch zu sehr auf dem Topfboden an, immer wieder mit etwas Wasser ablöschen. Dann die Zitronenschale dazugeben und alles weitere 20 Min. schmoren, dabei statt mit Wasser mit dem Rotwein ablöschen.

3 Inzwischen für das Gemüse die Petersilienwurzeln schälen, putzen und der Länge nach achteln. Die Schalotte schälen, fein würfeln und in einem Topf in der Butter anschwitzen. Die Petersilienwurzeln zugeben, mit Zucker bestreuen und die Gemüsebrühe angießen. Die Petersilienwurzeln zugedeckt ca. 10 Min. dünsten und mit Salz und Pfeffer abschmecken.

4 Das gegarte Fleisch auf einer Platte anrichten. Die Sauce mit Salz und Pfeffer abschmecken und kräftig umrühren, so dass das gegarte Gemüse zerfällt und die Sauce gebunden wird. Fleisch mit dem Petersilienwurzelgemüse und der Sauce servieren.

»Es gibt Vorder- und Hinterhaxen. Die vorderen sind mir lieber, denn sie haben einen kleineren Durchmesser. So kann man die Scheibe dicker sägen. Bei Scheiben von den großen Hinterhaxen erhält man relativ dünne Lappen, die sich beim Garen in alle Richtungen verbiegen.«

bollito misto mit salsa verde

ZUBEREITUNGSZEIT 1 STD. 15 MIN.
ZUTATEN FÜR 2 PERSONEN

SALSA VERDE
2 Bund glatte Petersilie
2 Stängel Basilikum
4–6 Stängel Minze
1/2 Knoblauchzehe, 1 EL Kapern
2 Sardellenfilets, 1 EL Senf
1/2 EL Essig, 1/8 l Olivenöl
Salz, Pfeffer

BOLLITO MISTO
2 Kartoffeln
1,5 l Fleischbrühe
1 Hähnchenkeule
100 g Kalbsschnitzel
Salz, Pfeffer
1 TL Thymianblättchen
100 g Schweinefilet
1 rote Zwiebel, 1/2 Stange Lauch
2 kleine Tomaten
1 Zweig Rosmarin, 1 Lorbeerblatt
1 Gewürznelke, 1/2 Bund glatte Petersilie
6 Scheiben italienische Salami (s. unten)

AUSSERDEM
Küchengarn

1 Für die Salsa verde die Kräuter waschen und trocken schütteln. Die Blättchen grob zerkleinern. Knoblauch schälen. Kapern und Sardellenfilets grob hacken und mit den Kräutern, dem Knoblauch, Senf, Essig und Olivenöl im Mixer fein pürieren. Sauce mit Salz und Pfeffer würzen und abschmecken.

2 Die Kartoffeln waschen und schälen. Die Brühe zum Kochen bringen. Die Hähnchenkeule in die kochende Brühe geben und ca. 10 Min. darin köcheln lassen. Inzwischen das Kalbsschnitzel flach klopfen, salzen, pfeffern und mit Thymian bestreuen. Schnitzel fest zusammenrollen und mit Küchengarn fixieren. Nach 10 Min. Garzeit das Schnitzelröllchen mit dem Schweinefilet und den Kartoffeln zum Hähnchen in die kochende Brühe geben und alles zugedeckt weitere 20 Min. köcheln lassen.

3 Inzwischen die Zwiebel schälen und halbieren. Den Lauch putzen, längs halbieren und waschen. Die Tomaten überbrühen, häuten, entkernen und ohne die Stielansätze würfeln. Rosmarin waschen. Nach 20 Min. alle Fleischstücke aus dem Topf nehmen, mit Alufolie abdecken und ruhen lassen. Zwiebel, Lauch, Lorbeerblatt, Gewürznelke und den Rosmarinzweig in die sanft köchelnde Brühe geben. Die Tomaten zugeben und alles 5 Min. köcheln lassen.

4 Petersilie waschen und trocken schütteln. Die Blättchen fein hacken und zum Schluss zur Brühe geben. Die Brühe abschmecken. Das Fleisch und die Salamischeiben zugeben und in der Brühe erwärmen. Bollito misto im Topf servieren. Das Fleisch auf einem Schneidebrett mit Rinne tranchieren, die Kartoffeln teilen. Kartoffeln, Salami und Fleisch in tiefen Tellern mit etwas Brühe anrichten und mit der Salsa verde servieren.

»Im italienischen Originalrezept wird eine Art grobe, frische Salami mitgekocht oder so etwas Ähnliches wie die Wurst, die in Lyon üblich ist. Unsere Lyoner Wurst hat damit aber gar nichts zu tun.«

Von Sturm im Ofen und stiller Hitze

In den Hirnen deutscher Kochwilliger hat es sich großteils unverrückbar eingebrannt, denn Fleischrezepte beginnen meist mit dem verhängnisvollen Befehl: »Scharf anbraten!«. Was dann stattfindet – denn deutsch sein heißt gründlich sein – gemahnt oft an Brandschatzung. Die Poren sollen geschlossen werden, was aber physikalisch ein Unsinn ist. Allenfalls wird das Kollagen der äußeren Schicht irritiert, und deshalb tritt weniger Saft ins Freie. Der Fleischsaft hält sich im Inneren des Fleischstücks, weil das geröstete – oft angekokelte – Äußere bereits die Härte und das Dichtungsvermögen einer Sperrholzplatte angenommen hat.
Kurz und gut, diese Zeiten sind vorbei. Heutzutage geht es in den Küchen sanfter zu. Trotzdem muss gebraten werden, wenn ein Braten entstehen soll. Gerät nämlich der Start des Gerichts zu sanft, dann fängt alles zu dünsten an, und wir bekommen so etwas Ähnliches wie falbes Siedfleisch.
Am einfachsten, bei wenig Kochübung, dürfte es sein, wenn wir uns der Technik des Niedertemperaturbratens bedienen. Genau genommen wird dabei nur kurz rundum angebraten, der Rest kommt eher einer Zeit sanften Ziehens nahe. Es geht um die Veränderung der Eiweiße im Fleisch. Wir wissen alle, wie sich Eiweiß verhält, wenn wir ein Frühstücksei kochen. Ab 68 Grad wird das Ei langsam hart. Bei Fleisch und Fisch ist es genauso, na ja, nicht ganz: Beispielsweise gart ein zarter Fisch bereits bei 58 Grad, und zähes Rindfleisch wird besser einer Temperatur von 78 Grad ausgesetzt. Ganz neu ist die Methode übrigens nicht. Gekochter Schinken wird seit ewigen Zeiten so hergestellt. Ist der Schinken trockener als der saftige eines anderen Metzgers, so hat er vielleicht drei bis vier Grad zu viel Hitze abbekommen. Richtig verderben kann bei der Niedertemperatur-Methode eigentlich nichts, aber man benötigt schon etwas Übung, bis sich der gewünschte Rosa-Effekt einstellt.
Immerfort sprechen wir hier über Temperaturen. Wie aber erfahren wir, wann diese im Kern des Fleischstücks überhaupt optimal angekommen ist? Um ein digitales Stechthermometer kommen wir nicht herum. Damit sticht man ganz einfach bis zur Mitte des Fleischs und misst und wenn die Eiweißgerinnungs-Temperatur erreicht ist, dann ist alles fertig.
Ehrlich gesagt: Sicher, wir können das lang vor sich hinziehende Fleisch vor dem Servieren noch einmal rundum bräunen, aber der Geschmack ist eindeutig weniger markant »bratig« als bei einem Braten nach alter Herstellungsart.
Nach alter Schule brät man beispielsweise einen Schweine- oder Kalbsbraten rundum sanft an und schiebt ihn mit Röstgemüse in den Ofen. Trotzdem gerät er selten so gut wie bei Oma. Lassen wir die immer verklärende Nostalgie mal beiseite, so ergeben sich eindeutige Indizien, dass nicht nur der damalige brüllende Hunger als Kind so prägnante Erinnerungen konservierte, sondern dass der Braten tatsächlich besser war. Der Grund ist schnell genannt: Die modernen Umluftöfen sind im Grunde »Braten-Trocknungs-Vehikel«. Der ständige Sturm im Ofen soll dafür sorgen, dass in allen Ecken der »heißen Kiste« die gleiche Temperatur herrscht. Das wird auch von allen Herstellern versprochen, aber wer ab und an mal einen Kuchen bäckt, der weiß es besser. Gleichmäßige Hitze gibt es in fast keinem Ofen. Der Dunst der beim Umluftofen immerfort mit einem Ventilator ins Freie abgeführt wird, macht eigentlich einen korrekten Braten kaum möglich. Ich habe mir deshalb für die Küche, besonders für Gänsebraten, Enten und große Bratenstücke, einen Ofen mit »stiller Hitze« besorgt. Also genau das Gerät, mit dem die Omas ihre Wunder vollbrachten. Eines zum Schluss noch: Eigentlich koche ich gerne mit großer Hitze, mit 220 Grad, aber beim Braten gehe ich mit höchstens 170 Sachen in die Kurve.

Vor dem Braten Scaloppine (Rezept Seite 121) zwischen Frischhaltefolie hauchdünn klopfen. So wird die Röstfläche größer, und um die geht es. Die Schnitzelchen dann kurz bei kleiner Hitze braten. So werden sie perfekt. Ich bereite selten ein Fleischstück mit der Niedertemperatur-Methode zu. Was mich an der Forcierung der Methode hindert, das ist der – trotz des Anbratens – milde Geschmack. Für den gefüllten Kalbsbraten (Rezept nächste Seite) aber ist diese Methode ideal: Das Fleisch bleibt saftig, für Geschmack sorgt die kräuterwürzige Füllung.

kalbsrollbraten mit roten zwiebeln

ZUBEREITUNGSZEIT 50 MIN.
GARZEIT 4 STD.
ZUTATEN FÜR 4 PERSONEN

3 Schalotten
6 Zweige Thymian
1/2 Bund glatte Petersilie
1 frische rote Chilischote
4 EL Butterschmalz
ca. 800 g Kalbfleisch (Brust)
Salz, Pfeffer
1 EL Honig
2 Lorbeerblätter
3 rote Zwiebeln
2 Stangen Staudensellerie
100 ml Fleischbrühe
50 ml Rotwein
1 TL Mehlbutter (s. Seite 92/93)

AUSSERDEM
Küchengarn

1 Die Schalotten schälen und klein würfeln. Thymian und die Petersilie waschen und trocken schütteln. Die Blättchen von 3 Thymianzweigen abstreifen, die Petersilienblättchen fein hacken. Chili putzen, entkernen und waschen, dann fein würfeln.

2 Den Backofen auf 80° vorheizen (Umluft nicht geeignet), Temperatur am besten mit einem Backofenthermometer kontrollieren. Eine feuerfeste Form bzw. einen Bräter zum Anwärmen mit in den Ofen geben.

3 Schalotten in einer Pfanne in 1 EL Butterschmalz anschwitzen, Chili, Thymian- und Petersilienblättchen untermischen und kurz in der Pfanne schwenken, dann die Pfanne vom Herd ziehen.

4 Das Kalbfleisch waagrecht in der Mitte einschneiden, dabei fast durchtrennen. Dann das Fleischstück auseinanderklappen, leicht plattieren, mit Salz und Pfeffer würzen und die Schalotten-Kräuter-Mischung daraufgeben. Fleisch zu einem Rollbraten aufrollen und mit Küchengarn fixieren (s. Seite 130).

5 2 EL Butterschmalz in einer Pfanne erhitzen. Den Rollbraten darin in 8–10 Min. von allen Seiten goldbraun anbraten. Dann den Braten in den vorgewärmten Bräter legen, mit dem Honig beträufeln und Lorbeerblätter und restliche Thymianzweige daraufgeben. Den Braten im heißen Ofen (Mitte) ca. 4 Std. garen.

6 Inzwischen die roten Zwiebeln schälen und in Spalten schneiden, Sellerie waschen und in ca. 1 cm dicke Stücke schneiden. 20 Min. vor Ende der Garzeit den evtl. im Bräter entstandenen Bratensaft in einen Topf abschütten, Fleisch sofort wieder in den Ofen geben und weitergaren. Bratensaft in dem Topf mit der Brühe und dem Rotwein aufgießen und einkochen lassen. Gleichzeitig Zwiebeln und Sellerie in einer Pfanne in restlichem Butterschmalz anbraten, dann zum Fleisch in den Bräter geben und noch ca. 15 Min. mitgaren. Die eingekochte Sauce mit Salz und Pfeffer abschmecken und mit Mehlbutter binden.

7 Das Fleisch aus dem Ofen nehmen, in Scheiben aufschneiden und mit dem Zwiebel-Sellerie-Gemüse und der Sauce anrichten. Dazu passen Bandnudeln.

rinderfilet mit basilikum und serranoschinken

ZUBEREITUNGSZEIT 45 MIN.
ZUTATEN FÜR 2 PERSONEN

1 Schalotte
1 Knoblauchzehe
3–4 Stängel Basilikum
2 dünne Scheiben Serranoschinken
400 g Rinderfilet
Salz, Pfeffer
3 EL kalte Butter
1/8 l Portwein

1 Schalotte und Knoblauch schälen und klein würfeln. Das Basilikum waschen und trocken schütteln. Die Blättchen fein hacken. Den Schinken sehr fein hacken.

2 Das Rinderfilet in ca. 3 cm dicke Scheiben schneiden, salzen und pfeffern. Mit einem schmalen Messer ein kleines Loch einstechen und horizontal einen 2-Euro-großen Hohlraum wie eine Tasche in die Scheiben schneiden.

3 Schalotte, Knoblauch und Schinken in einer Pfanne in 1 EL Butter anschwitzen. Mit Salz und Pfeffer würzen und das Basilikum zugeben. Alles gut vermischen und in die Filetscheiben füllen. Die Filets wieder in Form drücken.

4 In einer Pfanne 1 EL Butter erhitzen. Die Filets darin bei kleiner bis mittlerer Hitze 4–5 Min. pro Seite langsam braten. Dann das Fleisch aus der Pfanne nehmen und im Backofen bei 60° warm stellen. Bratensatz in der Pfanne mit dem Portwein ablöschen und die Flüssigkeit bei großer Hitze um knapp die Hälfte einkochen lassen. Die restliche Butter in kleinen Flocken unterrühren und die Sauce damit binden. Sauce mit Salz und Pfeffer abschmecken und mit den Filets servieren.

»Wenn einem gar nichts einfällt, dann sind zu gebratenem Fleisch Ofenkartoffeln immer richtig. In diesem Fall passen auch grobe Würfelkartoffeln gut.«

mediterrane rouladen vom ochsenrücken

ZUBEREITUNGSZEIT 1 STD. 35 MIN.
ZUTATEN FÜR 2 PERSONEN

ROULADEN

2 Schalotten
3 Knoblauchzehen
3 EL Olivenöl
1 Bund Suppengemüse (Lauch, Möhre, Sellerie)
1 Zwiebel
30 g getrocknete Tomaten in Öl
1 kleiner Zweig Rosmarin
2 Rumpsteaks (à ca. 160 g)
2 TL Orangenmarmelade
Pfeffer
8 kleine, hauchdünne Scheiben grüner Speck (Rückenspeck)
4 dünne Scheiben Parmaschinken
Salz
1/4 l kräftiger Rotwein
ca. 1/4 l Rinderfond (aus dem Glas)
1 TL Mehlbutter (nach Belieben; s. Seite 92/93)

OFENKARTOFFELN

4 festkochende Kartoffeln
2 EL Olivenöl
grobes Meersalz

AUSSERDEM

Küchengarn oder Rouladennadeln

1 Schalotten und Knoblauch schälen. Die Schalotten in dünne Scheiben schneiden und in 1 EL Olivenöl anbraten. Wenn sie leicht gebräunt sind, den Knoblauch dazupressen, dann beides beiseitestellen.

2 Das Suppengemüse putzen, waschen bzw. schälen und klein würfeln. Die Zwiebel schälen und klein würfeln. Die Tomaten abtropfen lassen und fein würfeln. Rosmarin waschen und trocken schütteln. Die Nadeln sehr fein hacken.

3 Die Rumpsteaks zwischen Frischhaltefolie oder in einem aufgeschnittenen Tiefkühlbeutel mit einer Pfanne hauchdünn (2 mm) klopfen. Das Fleisch mit Orangenmarmelade bestreichen, pfeffern und mit 1 EL Olivenöl beträufeln. Mit gehacktem Rosmarin und der Zwiebel-Knoblauch-Mischung bestreuen. Fleisch mit den Speck- und Schinkenscheiben belegen, fest aufrollen und mit Küchengarn oder Rouladennadeln fixieren. Rouladen leicht salzen und kräftig pfeffern.

4 Restliches Olivenöl in einem Topf erhitzen. Die Rouladen darin kurz anrösten, dann rundherum bei starker Hitze mit dem Suppengemüse, den Tomaten- und Zwiebelwürfeln ca. 5 Min. weiterbraten. Bratensatz mit etwas Rotwein ablöschen und diesen verdampfen lassen. Fleisch und Gemüse weiterbraten und erneut mit etwas Wein ablöschen. Vorgang nochmals wiederholen.
Dann den restlichen Rotwein und Rinderfond angießen, aufkochen und alles bei kleiner Hitze zugedeckt ca. 1 Std. garen, falls nötig, noch etwas Fond oder Wasser angießen.

5 Inzwischen für die Ofenkartoffeln den Backofen auf 180° vorheizen.
Die Kartoffeln waschen, schälen und vierteln. Auf ein Backblech legen, mit Olivenöl beträufeln, mit etwas Meersalz würzen und im Ofen ca. 30 Min. (Mitte; Umluft 160°) garen.

6 Dann prüfen, ob die Rouladen fertiggegart sind: Rutschen sie bequem von einer Fleischgabel, die Rouladen herausnehmen und warm stellen. Bratenfond passieren und evtl. einkochen lassen, die Sauce mit Salz und Pfeffer abschmecken und nach Belieben mit etwas Mehlbutter binden. Die Rouladen mit der Sauce und den Kartoffeln servieren.

gefüllte lammschulter

ZUBEREITUNGSZEIT 2 STD. 35 MIN.
ZUTATEN FÜR 4 PERSONEN

300 g Schalotten
2 Knoblauchzehen
3 EL Olivenöl
1 EL englisches Senfpulver
4 Zweige Thymian
1 Bund Suppengemüse (Lauch, Möhre, Sellerie)
1 Lammschulter mit Knochen (ca. 1,5 kg; vom Metzger entbeinen und die Knochen klein hacken lassen)
Salz, Pfeffer
3 Tomaten
ca. 1/4 l leichte Fleischbrühe
1 EL kalte Butter

AUSSERDEM
Küchengarn

1 Die Schalotten und den Knoblauch schälen und klein würfeln. Schalotten in 1 EL Olivenöl glasig dünsten. Knoblauch dazugeben und kurz mitdünsten, dann vom Herd nehmen und das englische Senfpulver unterrühren. Den Thymian waschen und trocken schütteln. Die Blättchen abstreifen. Das Suppengemüse putzen, waschen bzw. schälen und klein würfeln.

2 Die vorbereitete Lammschulter flach ausbreiten, die dicken Stellen etwas plattieren. Das Fleisch kräftig salzen und pfeffern. Die Senf-Schalotten-Paste darauf gleichmäßig verteilen und alles mit den Thymianblättchen bestreuen. Die Schulter zusammenrollen, mit Küchengarn fixieren und nochmals reichlich salzen und pfeffern.

3 Den Backofen auf 160° vorheizen. Restliches Olivenöl in einem Bräter erhitzen. Die Lammknochen darin anrösten, die Schulter hineingeben und von allen Seiten braun braten. Das Suppengemüse dazugeben. Alles im Ofen (Mitte; Umluft 140°) insgesamt 1 Std. 30 Min. garen. Inzwischen die Tomaten nach Belieben mit kochendem Wasser überbrühen, häuten und klein würfeln. Tomaten nach 30 Min. zum Fleisch in den Backofen geben. Nach weiteren 15 Min. alles mit der Fleischbrühe ablöschen. Immer wieder die Flüssigkeit im Bräter überprüfen und, falls nötig, etwas Fleischbrühe oder Wasser nachgießen, dabei die Schulter ab und zu wenden und übergießen.

4 Gegen Ende der Garzeit mit einer langen Spießgabel überprüfen, ob das Fleisch gar ist: Lässt sie sich sanft ins Fleisch hineinstechen und wieder herausziehen, dann ist es optimal gegart. Fleisch aus dem Bräter nehmen und auf eine Platte geben, dann wieder im ausgeschalteten Ofen bei offener Backofentür warm stellen.

5 Die Knochen aus dem Bräter entfernen. Bratensatz mit dem Gemüse nach Belieben durch ein Sieb passieren, etwas abkühlen lassen und, falls nötig, entfetten. Sauce in einem kleinen Pfännchen erneut erhitzen. Butter in kleinen Flocken unterrühren und die Sauce damit binden. Die gefüllte Lammschulter in Scheiben schneiden und mit der Sauce servieren.

lammfilet in brotkruste mit tomatensalat

ZUBEREITUNGSZEIT 50 MIN.
ZUTATEN FÜR 2 PERSONEN
ODER FÜR 4 IM RAHMEN EINES MENÜS

1 kleine Schalotte
1 kleine Knoblauchzehe
5 Lammrückenfilets (à 120 g)
Salz, Pfeffer
100 g Sahne
1 TL fein gehackter Rosmarin
1 EL fein gehackte glatte Petersilie
3 EL Olivenöl
4–8 dünne Scheiben Kastenweißbrot vom Vortag (ca. 2 mm; s. unten)

TOMATENSALAT
500 g bunt gemischte, kleine Tomaten
Grün von 2 Frühlingszwiebeln
1/2 Bund Basilikum
2 EL Olivenöl
1 Prise Zucker
1 Spritzer Zitronensaft
Salz, Pfeffer

1 Schalotte und Knoblauch schälen und fein würfeln. Die Lammfilets salzen und pfeffern. 1 Filet fein schnetzeln und im Mixer oder Cutter mit Schalotte, Knoblauch, Sahne, Pfeffer, Salz und Kräutern zu einem Brät verarbeiten. Den Backofen auf 180° (Umluft 160°) vorheizen.

2 Die restlichen Filets in 1 EL Olivenöl pro Seite ca. 1 Min. braten, dann etwas abkühlen lassen. Die Brotscheiben mit Brät bestreichen. Die Filets jeweils quer darauflegen und in die Brotscheibe einwickeln.

3 Die Filets im Brotmantel im restlichen Olivenöl bei starker Hitze von allen Seiten kross braten und im heißen Ofen (Mitte) ca. 10 Min. weiterbraten. Dann die Filets im ausgeschalteten Ofen bei offener Backofentür noch 5 Min. ruhen lassen, damit sich die Säfte im Inneren des Fleischs gut verteilen.

4 Inzwischen für den Salat die Tomaten waschen, abtrocknen und in Viertel schneiden. Das Frühlingszwiebelgrün putzen, waschen und fein schneiden. Basilikum waschen und trocken schütteln. Die Blätter fein schneiden.

5 Die Tomaten in einer Pfanne in dem Olivenöl anbraten und mit 1 Prise Zucker bestreuen. Zucker karamellisieren lassen, dann die Tomaten aus der Pfanne nehmen und in eine Schüssel geben. Mit Zitronensaft, Salz und Pfeffer würzen, Zwiebelgrün und Basilikum untermischen. Den Tomatensalat warm mit den Lammfilets servieren.

»Die dünnen Brotscheiben lassen sich ohne Brotschneidemaschine kaum realisieren. Aber auch wenn das Brot etwas dicker ist, schmeckt das Gericht gut, vorausgesetzt das Brot ist biegsam genug.«

kalbsherz mit grüner vinaigrette

ZUBEREITUNGSZEIT 1 STD.
ZUTATEN FÜR 2 PERSONEN

1/2 Kalbsherz
Salz, Pfeffer
1 EL Butter
1/2 Bund Schnittlauch
3 Stängel glatte Petersilie
2 Blättchen Minze
1 Bio-Limette
1 EL Weißwein
60 ml Olivenöl
(+ Olivenöl zum Bepinseln)

1 Den Backofen auf 180° (Umluft 160°) vorheizen. Das halbe Herz von Fett und überflüssiger Haut befreien (s. Seite 146). Salzen, pfeffern und in einer ofenfesten Pfanne in 1 EL Butter bei kleiner Hitze kurz von allen Seiten anbraten. Dann das Herz im heißen Ofen (Mitte) in ca. 15 Min. fertig garen.

2 Inzwischen für die Vinaigrette die Kräuter waschen und trocken schütteln. Die Blättchen grob hacken. Schnittlauch in Röllchen schneiden. Die Kräuter in einen Mixer geben. Die Limette heiß abwaschen und abtrocknen. Schale abreiben, den Saft auspressen. Limettenschale und Saft, Weißwein und Olivenöl zu den Kräutern geben und alles im Mixer fein pürieren. Die Vinaigrette mit Salz und Pfeffer abschmecken.

3 Das Herz in dünne Scheiben aufschneiden, diese fächerförmig auf zwei Tellern anrichten, mit Salz und Pfeffer bestreuen und mit etwas Olivenöl bepinseln. Mit der Kräutersauce umgießen und servieren.

»Bei keinem Gericht ist der Unterschied zwischen durchgebraten und rosa größer als hier. Wer das Herz durchbrät, kann getrost drei Stunden weitergaren, bis das Herz dann endlich weich (und trocken) ist.«

kalbsleber mit lavendel und traubensauce

ZUBEREITUNGSZEIT 30 MIN.
ZUTATEN FÜR 2 PERSONEN
ODER FÜR 4 IM RAHMEN EINES MENÜS

1 Schalotte
1/2 Zitrone
1 kleiner Zweig Rosmarin
100 g kernlose Trauben
2 EL Olivenöl
4 Scheiben Kalbsleber (à 80 g)
Salz, Pfeffer
150 ml Kalbsfond (aus dem Glas)
150 ml Rotwein (+ 2 EL Rotwein)
1/2 TL Speisestärke
1/2 TL Lavendelblüten (aus der Apotheke)

1 Die Schalotte schälen und klein würfeln. Die Zitronenhälfte auspressen. Rosmarin waschen und trocken schütteln. Die Nadeln abstreifen und fein hacken. Die Trauben waschen und nach Belieben halbieren.

2 1 EL Olivenöl in einer Pfanne erhitzen. Die Kalbsleber parieren (s. Seite 146), trocken tupfen, salzen (s. unten), pfeffern und im Olivenöl pro Seite in ca. 2 Min. bei mittlerer Hitze braun braten. Die Leber aus der Pfanne nehmen und im Backofen bei 60° warm stellen.

3 Die Pfanne ausreiben. Schalotte darin in restlichem Olivenöl braun braten und mit Kalbsfond und Rotwein ablöschen. Die Flüssigkeit bei starker Hitze noch 2–3 Min. einkochen lassen. Die Speisestärke mit 2 EL Rotwein glatt rühren und die Sauce damit binden.

4 Die Trauben mit dem Zitronensaft, den Lavendelblüten und dem Rosmarin in die Sauce geben und alles weitere 3 Min. kochen lassen. Sauce mit Salz und Pfeffer abschmecken. Die Leber auf Tellern anrichten, mit der Lavendel-Trauben-Sauce umgießen und servieren.

»Ob Sie die Leber vor oder nach dem Braten salzen, ist eigentlich egal. Entscheidend ist: Die Leber muss nach dem Salzen sofort in die Pfanne, damit sie nicht Wasser zieht.«

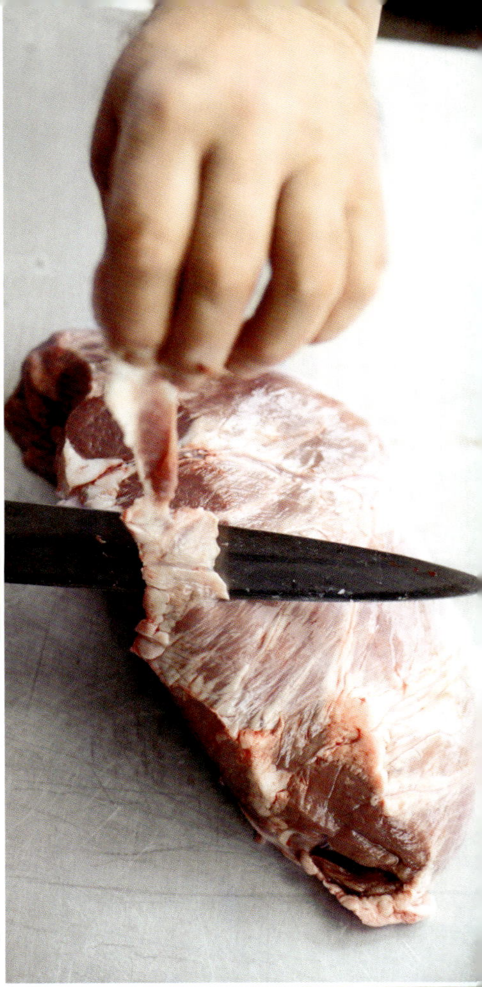

Kraft von innen

Man macht sich wenig Gedanken darüber, kann es aber täglich beobachten: Gerichte unserer »modernen« Zeit werden immer mehr entleibt, haben immer weniger Leben. Noch ist es in französischen Spitzenrestaurants üblich, Fasane mit den Krallen oder Tauben mit den Köpfen zu servieren. In Süditalien kann man den Gourmet dabei beobachten, wie er den Kopf eines Huhns mit beiden Händen zum Munde führt, kräftig hineinbeißt und die inneren Säfte und das Hirn aussaugt.
Das hat mit wirklicher Feinschmeckerei zu tun und mit langer Kultur, würde aber heute an deutschen Tischen das reine Grausen hervorrufen.
Denken wir an die Subkultur der Hamburgersandwiches, so ist der Erfolg dieser Produkte im Androgynen begründet. Eine eindeutige Geschmacksrichtung ist nicht auszumachen: Süß, sauer und scharf sind gleichermaßen präsent, nivellieren sich und heben sich auf. Nur minimal entsteht der Eindruck, dass man Fleisch zu sich nimmt. Das Ergebnis: ein Neutrum mit roter Farbe und der Konsistenz von Mullbinde.
Das liebt der Zeitgeist, und diese Tendenz macht auch nicht vor einem Feinschmeckerrestaurant halt. Die Fische dürfen keine Gräten mehr haben, alles ist filetiert und mundgerecht zerteilt. Nichts erinnert daran, dass wir Menschen, um uns zu erhalten, indem wir essen, auch permanent zerstören. Unser Leben ist anderer Tod, die Pflanzenwelt mit eingeschlossen.
Als Folge unserer Überzivilisation sind Innereien geradezu geächtet. Das war nicht immer so. In vergangenen Zeiten galten sie als Nahrungsmittel mit mystischer Botschaft. Im Herzen vermuteten die Vorfahren den Sitz der Seele. Sie waren überzeugt, durch den Genuss der Innereien, sich die Kräfte und den Mut des Tiers einzuverleiben.
Inzwischen soll beim Fleischessen möglichst gar nichts mehr ans Tier erinnern, und so merkt niemand, dass viele Fleischsorten nach fast nichts mehr schmecken. Innereien haben jedoch ein extrem starkes Eigenaroma und sind auch deshalb nichts für kulinarische Anfänger. Frische Kalbsnieren haben einen unnachahmlichen Duft. Und ich meine damit nicht den Lagergeruch, der sich verbreitet, wenn Nieren tagelang in der Auslage vor sich hin dünsten. Herz schmeckt ebenfalls eigenwillig und absolut eindeutig, sehr elegant dagegen das Kalbsbries. Und wiederum sehr charakteristisch duftet die Leber. Man denke an die Leberwust, die wahrscheinlich von allen Würsten den kräftigsten Geschmack verbreitet.
Von allen Gerichten sind die Innereien die charaktervollsten und auch physiologisch die wertvollsten. Trotzdem sagt man mit Recht, dass man nicht mehr als einmal in der Woche davon essen sollte. Denn alle Sünden, die man am Tier verbricht, lagern sich in den Innereien ein. Bei keinem Nahrungsmittel sollte man sich deshalb so strenge Auswahlkriterien verschreiben. In der Leber, der Niere oder dem Bries bleiben die Umweltgifte und Medikamente hängen. Und auch wer sich sonst nicht viel um Bio schert, der sollte bei diesen Gerichten eine Ausnahme machen. Denn wir müssen berücksichtigen, dass die artgerechte und ursprüngliche Tierhaltung im Niedergang begriffen ist. Und sie ist Voraussetzung für die ungetrübte Freude an »Herz-Leber-Lung, Spitz-Futz-Arschloch und Zung'«, wie die Elsässer sagen.
Was mit Futterzusätzen harmlos begann, ist heute in eine monströse Dimension gewachsen. Warum Innereien zunehmend in Misskredit geraten sind, liegt an der Umweltbelastung, dem mangelnden Tierschutz und den Warnungen der Mediziner vor tierischen Fetten, Purinen und Cholesterin. In der Tat gibt es gute Gründe, vom Fleisch zu lassen.
Doch nun weiter mit den Köstlichkeiten aus den Bäuchen der Tiere: Zu den Innereien gehören nicht nur Leber, Niere, Bries und Herz, sondern auch Rindergaumen, Zunge oder Milz, mit der in Österreich und in Biberach einiges angestellt wird. Weiter gibt es noch Kalbs- und Rindskutteln (Rezept Seite 149), Lunge und Därme vom Kalb, die geputzt als Gekröse in Weißwein wunderbar schmecken, außerdem auch den Schweinemagen, gefüllt als Pfälzer Saumagen. Die Schweinsblase – letztlich auch eine Innerei – dient als Korsage für eine Wurstspezialität namens Bierkugel. Und nicht zu vergessen: die Spezialitäten von Ziege, Lamm, Wild oder Geflügel mit Gänsemagen und Gänseleber.

Innereien sollten sorgfältig vorbereitet werden: Vom Kalbsherz (Rezept Seite 142) entferne ich gründlich Fett und Äderchen. Eine große Rinderleber muss pariert und von der durchsichtigen Haut befreit werden. Bei den kleineren Hähnchen- und Kaninchenlebern genügt es, anhaftendes Fett und Sehnen zu entfernen.

trippa alla romana

ZUBEREITUNGSZEIT 1 STD.
GARZEIT 15 MIN.–1 STD. 30 MIN.
ZUTATEN FÜR 2 PERSONEN
ODER FÜR 4 IM RAHMEN EINES MENÜS

KUTTELN

1 Bund Suppengemüse (Lauch, Möhre, Sellerie)
1 Zwiebel
1 Lorbeerblatt
1 Gewürznelke
Salz
300 g Rinderkutteln (geputzt, blanchiert und vorgekocht; beim Metzger vorbestellen)

TOMATENMUS

6 Tomaten
1 Bund glatte Petersilie
2 Schalotten
2 Knoblauchzehen
2 EL Olivenöl
2 EL Tomatenmark
1 TL getrockneter Oregano
1/4 l Weißwein
2 EL frisch geriebener Parmesan

1 Für die Kutteln das Suppengemüse putzen, waschen bzw. schälen und klein würfeln. Die Zwiebel schälen und mit Lorbeerblatt und Nelke spicken. 1 l Wasser aufkochen und leicht salzen. Kutteln darin mit dem Suppengemüse und der gespickten Zwiebel weich kochen. (Das kann nur 15 Min. oder bis zu 1 1/2 Std. dauern, je nachdem, wie lange der Metzger die Kutteln bereits vorgekocht hat.)

2 Inzwischen für das Tomatenmus die Tomaten überbrühen, häuten, entkernen und ohne die Stielansätze würfeln. Die Petersilie waschen und trocken schütteln. Die Blättchen fein hacken.

3 Schalotten und Knoblauch schälen, klein würfeln und in einer Pfanne in dem Olivenöl anschwitzen. Tomatenmark und Oregano hinzufügen und mit anschwitzen. Alles mit dem Weißwein ablöschen. Flüssigkeit bei großer Hitze um die Hälfte einkochen lassen und mit Kuttelsud wieder ergänzen. Die Tomaten dazugeben und mitkochen, bis die Sauce musige Konsistenz aufweist. Fertiges Tomatenmus vom Herd nehmen und beiseitestellen, falls die Kutteln noch nicht weich sind.

4 Die weich gekochten Kutteln in ein Sieb abgießen, in Streifen schneiden und zum Tomatenmus geben. Alles erneut zum Kochen bringen. Die Petersilie unterrühren. Die Kutteln mit Parmesan bestreut servieren.

»Es gibt Leute, für die bedeutet italienisches Essen Pasta, Risotto, Tomate und Mozzarella. Richtig interessant aber wird italienische Küche dann, wenn man auf dem Land oder in Rom isst. Denn Rom ist nicht nur die Hauptstadt der Antike, sondern auch die Kapitale der Innereien.«

hähnchen mit geröstetem knoblauch

ZUBEREITUNGSZEIT 1 STD.
GARZEIT 25–30 MIN.
ZUTATEN FÜR 2 PERSONEN
ODER FÜR 4 IM RAHMEN EINES MENÜS

8 Schalotten
1 Knoblauchknolle
150 g Champignons
1 küchenfertiges Hähnchen
(ca. 1200 g; s. unten)
Salz, Pfeffer
2 EL Olivenöl
1/8 l Geflügelbrühe
1/8 l trockener Wermut
1 TL Thymianblättchen
8 Cocktailtomaten
1 EL Mehlbutter (s. Seite 92/93)
2 EL fein gehackte glatte Petersilie

1 Die Schalotten schälen. Knoblauchknolle in Zehen teilen und diese schälen. Die Champignons putzen und vierteln. Das Hähnchen innen und außen waschen, trocken tupfen, in 4–6 Teile zerlegen und kräftig salzen und pfeffern.

2 Das Olivenöl in einem großen Schmortopf erhitzen. Die Schalotten, Champignons und Knoblauchzehen mit den Geflügelteilen darin bei starker Hitze portionsweise rundum braun braten.

3 Brühe und Wermut angießen und aufkochen. Den Thymian dazugeben. Hähnchenteile, Schalotten, Knoblauch und Champignons zugedeckt 25–30 Min. schmoren. Das Geflügel aus dem Topf nehmen und im Backofen bei 60° warm stellen.

4 Den Schmorfond mit dem Gemüse um die Hälfte einkochen lassen. Inzwischen die Tomaten waschen und vierteln. Sauce mit der Mehlbutter binden. Die Hähnchenteile, Petersilie und Tomatenviertel in die Sauce geben, alles abschmecken, nochmals aufkochen und servieren.

»Mit Absicht wähle ich ein schwereres Huhn. Denn egal woher – die Quälhähnchen sind selten schwerer als 800 Gramm. Ab diesem Gewicht geht aber der Geschmack erst los.«

pollo in pinot grigio

ZUBEREITUNGSZEIT 1 STD. 35 MIN.
ZUTATEN FÜR 4 PERSONEN

FÜLLUNG

2 Äpfel
2 Schalotten
1 Scheibe Zwieback
1 EL Olivenöl
2 EL Grappa
1 EL Pistazienkerne
1/2 TL Thymianhonig (ersatzweise Waldhonig und etwas Thymian)
1 EL Zitronensaft
grob gemahlener Pfeffer

POLLO

1 küchenfertiger Freilandhahn oder 1 Bio-Poularde (ca. 1,8 kg)
Salz, Pfeffer
1 EL Walnussöl
2 Schalotten
1/4 l Geflügelbrühe
1/8 l Pinot Grigio
1 EL kalte Butter

1 Den Backofen auf 180° vorheizen. Für die Füllung die Äpfel waschen, trocken reiben und mit der Schale fein raspeln. Die Schalotten schälen und klein würfeln. Den Zwieback reiben.

2 Das Olivenöl in einer Pfanne erhitzen. Die Schalotten darin anschwitzen und mit Grappa flambieren, so dass der Alkohol entweicht. Pfanne vom Herd nehmen, die Äpfel zu den heißen Schalotten geben und die Pfanne wieder auf den Herd stellen. Die Pistazien hacken und mit Honig, Zitronensaft und Pfeffer zugeben. Alles gut in der Pfanne schwenken und so lange köcheln lassen, bis der austretende Apfelsaft reduziert ist. Die Pfanne vom Herd nehmen und so viele Zwiebackbrösel unterheben, bis eine leicht flüssige Paste entsteht.

3 Den Hahn innen und außen waschen und trocken tupfen. Die Haut auf der Brust vorsichtig vom Fleisch lösen, am besten mit den Fingern dazwischen fahren. Die Apfelfüllung zwischen Haut und Fleisch verteilen.

4 Den Hahn von innen und außen salzen, pfeffern, mit dem Walnussöl einpinseln und in einen Bräter setzen, und zwar seitlich auf der Keule liegend. Hahn im Ofen (Mitte; Umluft 160°) ca. 25 Min. garen. Inzwischen die Schalotten schälen und klein würfeln. Nach 25 Min. den Hahn vorsichtig umdrehen, sodass er auf der anderen Keule liegt. Die Schalotten dazugeben und alles 5 Min. weitergaren, dann mit Geflügelbrühe ablöschen und den Hahn weitere 20 Min. garen.

5 Die Garprobe machen, dabei mit einem Holzstäbchen in eine Keule stechen. Der herausfließende Fleischsaft muss klar sein. Hahn aus dem Bräter nehmen, auf eine Platte legen und im ausgeschalteten Ofen warm stellen. Den Bratensatz im Bräter mit dem Wein ablöschen. Dann in einen Topf umfüllen und um die Hälfte einkochen lassen. Die Butter in kleinen Flocken unterrühren und die Sauce damit binden. Sauce mit Salz und Pfeffer abschmecken. Den Hahn tranchieren und mit der Sauce anrichten.

rci · merci

bauernhahn mit basilikumsauce und zucchininudeln

ZUBEREITUNGSZEIT 2 STD. 15 MIN.
ZUTATEN FÜR 4 PERSONEN

1 küchenfertiger Freilandhahn oder
1 Bio-Poularde (ca. 1,8 kg)
1 Zwiebel
5 EL Olivenöl
1 EL Tomatenmark
400 ml Geflügelbrühe
1 EL Mehlbutter
(nach Belieben; s. Seite 92/93)
Salz, Pfeffer
2 dünne Zucchini
3 Stängel Basilikum
1 Zweig Thymian
1 Zweig Rosmarin
2 Ochsenherztomaten

1 Den Hahn innen und außen waschen und trocken tupfen. Die Keulen abtrennen und die Brustfilets mit Haut auslösen. Die übrig gebliebene Karkasse grob zerhacken. Die Zwiebel schälen und in grobe Würfel schneiden.

2 In einem Topf 1 EL Olivenöl erhitzen. Die Knochen darin anbraten, die Zwiebel dazugeben und mit anschwitzen. Das Tomatenmark unterrühren und die Geflügelbrühe angießen. Alles ca. 45 Min. zugedeckt kochen lassen, dann durch ein Sieb passieren. Die Sauce etwas einkochen lassen, falls nötig mit Mehlbutter binden und mit Salz und Pfeffer abschmecken.

3 Den Backofen auf 180° vorheizen. Die Hähnchenbrüste und Keulen mit Salz und Pfeffer würzen. 2 EL Olivenöl in einem Bräter erhitzen. Die Hähnchenteile darin 10–15 Min. von allen Seiten anbraten, dann im Ofen (Mitte; Umluft 160°) ca. 30 Min. weitergaren. Die Brüste aus dem Ofen nehmen und mit Alufolie abgedeckt beiseitestellen. Die Keulen weitere 15 Min. im Ofen garen.

4 Inzwischen die Zucchini waschen, putzen und mit einem Sparschäler längs in dünne Streifen wie Bandnudeln schneiden. Basilikum, Thymian und Rosmarin waschen und trocken schütteln. Die Basilikumblätter in Streifen schneiden.

5 In einer Pfanne 1 EL Olivenöl erhitzen, darin die Zucchinistreifen mit dem Thymian- und Rosmarinzweig unter Rühren 4–5 Min. braten und mit Salz und Pfeffer würzen. Die Ochsenherztomaten waschen, in Scheiben schneiden und in einer zweiten Pfanne im restlichen Olivenöl pro Seite 1–2 Min. braten. Tomaten mit Salz und Pfeffer würzen.

6 Die Sauce nochmals aufkochen, das Basilikum unterrühren. Die Hähnchenbrüste und -keulen mit der Sauce anrichten. Die Zucchininudeln und Tomaten dazu servieren.

hähnchenbrust mit zitronensauce auf spinatsalat

ZUBEREITUNGSZEIT 45 MIN.
ZUTATEN FÜR 2 PERSONEN

1 Bund Suppengemüse (Lauch, Möhre, Sellerie)
1 Schalotte
1 Bio-Zitrone
Salz, Pfeffer
2 Hähnchenbrustfilets (à 150 g)
50 g Sahne
150 g junger Blattspinat
2 EL Weinessig
3 EL Olivenöl
Zucker
4 Stängel Basilikum

1 Das Suppengemüse putzen, waschen bzw. schälen und klein würfeln. Schalotte schälen und ebenfalls klein würfeln. Die Zitrone heiß abwaschen, abtrocknen, die Schale abreiben und den Saft auspressen. Ca. 1/2 l Wasser mit den Gemüsewürfeln und der Zitronenschale aufkochen, den Sud kräftig mit Salz und Pfeffer würzen.

2 Die Hähnchenfilets in den Sud geben und bei kleiner Hitze ca. 12 Min. pochieren, aber nicht kochen lassen. Dann das Fleisch herausnehmen und im Backofen bei 60° warm stellen. Den Sud durch ein Sieb passieren, um mehr als die Hälfte einkochen lassen und die Sahne untermischen.

3 Inzwischen den Spinat waschen, verlesen und gut abtropfen lassen. Aus Essig, Olivenöl, Salz, Pfeffer und 1 Prise Zucker eine Vinaigrette mischen und den Spinat damit überziehen. Das Basilikum waschen und trocken schütteln. Die Blättchen kleiner zupfen.

4 Den Sud nochmals aufkochen, mit 1 Spritzer Zitronensaft aufmixen, das Basilikum untermischen und die Sauce mit Salz, Pfeffer und evtl. noch etwas Zitronensaft abschmecken. Das Fleisch in Scheiben schneiden, auf dem Spinat anrichten und die Zitronensauce darübergeben.

»Am besten kaufen Sie ein ganzes Hähnchen und kochen vielleicht – wie in diesem Fall – mit den übrigen Keulen eine kräftige Suppe oder einen Eintopf. Wer nur Brüste kauft, weiß nicht, wo die Keulen verbleiben. In der Regel landen sie als Tiefkühlware in Afrika – mit verheerenden Folgen für die einheimischen Bauern.«

perlhuhn in barolo

ZUBEREITUNGSZEIT 1 STD.
KOCHZEIT FOND 1 STD.
ZUTATEN FÜR 2 PERSONEN

1 Perlhuhn
4 Schalotten
1 EL Olivenöl
Salz, Pfeffer
2 EL kalte Butter
2 Knoblauchzehen
2 Zweige Thymian
1/8 l Barolo (s. unten)

1 Das Perlhuhn innen und außen waschen und trocken tupfen. Die Keulen abtrennen und die Brustfilets auslösen. Die übrig gebliebene Karkasse grob zerhacken. 2 Schalotten schälen und fein würfeln. In einem Topf das Olivenöl erhitzen. Die Knochen darin mit den Schalottenwürfeln leicht anschwitzen, mit Wasser bedecken und 1 Std. kochen lassen. Dann den Fond durch ein Sieb passieren und auf 1/8 l Flüssigkeit einkochen lassen.

2 Den Backofen auf 200° (Umluft 180°) vorheizen. Die Perlhuhnkeulen am Gelenk einschneiden, damit sich die Garzeit verkürzt. Perlhuhnbrustfilets und -keulen mit Salz und Pfeffer würzen.

3 Gut 1 EL Butter in einer Pfanne erhitzen. Die Geflügelteile darin auf jeder Seite ca. 2 Min. bei kleiner Hitze anbraten, dann im heißen Ofen (Mitte) in ca. 5 Min. halbfertig garen. Die Brüste aus dem Ofen nehmen und mit Alufolie abgedeckt beiseitestellen. Die Keulen weitere 8 Min. im Ofen garen und dann ebenfalls zu den Brüsten unter die Alufolie geben.

4 Knoblauchzehen mit der Schale leicht anquetschen. Die restlichen Schalotten schälen und fein hacken. In der Pfanne Schalotten und Knoblauchzehen anschwitzen und mit dem selbst gekochten Geflügelfond ablöschen. Thymian waschen, trocken schütteln und zugeben. Den Barolo angießen und etwas einkochen lassen. Sauce mit Salz und Pfeffer abschmecken. Die restliche Butter in kleinen Flocken unterrühren und die Sauce damit binden. Perlhuhnteile mit der Sauce servieren.

*»Kochen wir mit gutem Wein wie Barolo,
kommt zuerst Fond oder Wasser zum Einsatz,
der Wein aber erst einige Minuten vor der Fertigstellung
des Gerichts ins Gemenge. Selbst wenn es nur wenig ist:
Meist hat man mehr Aroma im Topf
als bei großzügigem Aufspriten von Anfang an.«*

ente mit orangen und zimt

ZUBEREITUNGSZEIT 1 STD.
ZUTATEN FÜR 2 PERSONEN

2 Schalotten
1 EL Butterschmalz
2 kleine Entenbrustfilets mit Haut
Salz, Pfeffer
250–300 ml Rotwein
1 Bio-Orange
1 Bio-Zitrone
1 EL Rosinen
1/2 TL Zimt
1 TL Mehlbutter (s. Seite 92/93)

1 Die Schalotten schälen und klein würfeln. Das Butterschmalz in einem Schmortopf erhitzen. Die Schalotten darin anschwitzen. Die Entenbrustfilets mit Salz und Pfeffer würzen und mit der Hautseite nach oben auf die Schalotten legen. Dann so viel Rotwein angießen, dass das Fleisch mit Wein bedeckt ist, die Haut jedoch nicht. Die Entenbrustfilets zugedeckt bei mittlerer Hitze ca. 30 Min. köcheln lassen. Dabei sollte immer genügend Rotwein im Topf sein, evtl. noch etwas Wein nachgießen.

2 Inzwischen die Orange und die Zitrone heiß abwaschen und abtrocknen. Je 1/2 TL Schale abreiben. Die Zitrusfrüchte großzügig schälen, dabei die weiße Haut vollständig entfernen. Zitrone und Orange filetieren.

3 Nach 30 Min. abgeriebene Orangen- und Zitronenschale, Rosinen, Zimt und 1 Msp. grob gemahlenen Pfeffer mit in den Topf geben. Alles zugedeckt weitere 15 Min. köcheln lassen. Dann prüfen, ob die Entenbrüste weich gegart sind: Lässt sich eine Fleischgabel leicht aus dem Fleisch ziehen, Entenbrustfilets aus dem Topf nehmen, ansonsten nochmals ca. 15 Min. zugedeckt köcheln lassen.

4 Den Backofengrill vorheizen. Weich gegarte Filets aus dem Topf nehmen, mit der Hautseite nach oben auf ein Backblech legen und unter dem heißen Backofengrill knusprig braten.

5 Den Rotweinfond passieren, entfetten und nochmals aufkochen. Fond mit der Mehlbutter binden. Die Fruchtfilets unterrühren. Die Sauce mit Salz und Pfeffer abschmecken und mit den Entenbrustfilets servieren. Dazu passen Gnocchi (s. Seite 81).

Desserts

erdbeeren mit minze und orangenblütenwasser

ZUBEREITUNGSZEIT 15 MIN.
MARINIERZEIT 30 MIN.
ZUTATEN FÜR 4 PERSONEN

500 g Erdbeeren
2 Stängel Minze
1 EL Orangensaft
20 ml Amaretto oder Orangenlikör
1 TL Orangenblütenwasser
(aus der Apotheke; s. unten)
1–2 EL Zucker
1 Vanilleschote
200 g Sahne

1 Die Erdbeeren waschen, trocken tupfen, putzen und in feine Scheiben schneiden. Die Minze waschen und trocken schütteln. Die Blättchen in feine Streifen schneiden.

2 Orangensaft, Amaretto oder Orangenlikör und Orangenblütenwasser mit der Minze und 1 EL Zucker verrühren. Erdbeeren mit der Marinade mischen und ca. 30 Min. darin ziehen lassen.

3 Die Vanilleschote längs halbieren und auskratzen. Die Sahne mit dem Vanillemark steif schlagen und dabei nach Geschmack zuckern. Die marinierten Erdbeeren mit der Vanillesahne servieren.

»Orangenblütenwasser ist häufig chemischen Ursprungs. Deshalb kaufe ich dieses wundervolle ›Parfüm‹ immer in der Apotheke. Dort ist es etwas teurer, aber von guter Qualität.«

himbeeren mit mascarpone und pistazien

ZUBEREITUNGSZEIT 30 MIN.
ZUTATEN FÜR 2 PERSONEN

1 Apfel
2 EL Butter
2 EL Himbeergeist
3 EL Puderzucker
50 g Mascarpone
50 g Sahne
250 g Himbeeren (s. unten)
25 g Pistazienkerne

1 Den Apfel waschen und trocken reiben. Das Kerngehäuse ausstechen, dann den Apfel quer in 5 mm dicke Scheiben schneiden.

2 Die Butter in einer Pfanne erhitzen. Die Apfelscheiben darin von beiden Seiten braten und dabei weich garen. Apfelscheiben aus der Pfanne nehmen, mit 1 EL Himbeergeist marinieren und abkühlen lassen.

3 2 EL Puderzucker in den Mascarpone sieben, dann unterrühren. Die Sahne steif schlagen und unter die Mascarponemischung heben.

4 Die Himbeeren putzen und mit dem restlichen Puderzucker und dem übrigen Himbeergeist vermischen. Die Pistazien in einer Pfanne ohne Fett leicht rösten, nach Belieben hacken und beiseitestellen.

5 Die Apfelscheiben auf zwei Tellern anrichten. Die Himbeeren darauf anordnen. Die Mascarponecreme daraufgeben. Dessert mit den Pistazien bestreuen und sofort servieren.

»In den letzten Jahren wurden Himbeersorten gezüchtet, die tief in den Herbst hinein Ertrag liefern und gut schmecken. Der liebe Gott hätte keine bessere Beere spendieren können.«

karamellbirnen

ZUBEREITUNGSZEIT 35 MIN.
ZUTATEN FÜR 4 PERSONEN

4 kleine reife Birnen (Williams Christ, Dr. Guyot oder Kaiser Alexander; s. unten)
200 g Zucker
1 Vanilleschote
1 Zweig Rosmarin
1 Sternanis
1/4 Zimtstange
4 schwarze Pfefferkörner
1/2 TL Pimentkörner
1 Gewürznelke
je 1/2 Bio-Zitrone und -Orange
Vanilleeis zum Servieren (nach Belieben)

1 Die Birnen schälen, halbieren und das Kerngehäuse mit einem Kugelausstecher auslösen. In einem Topf reichlich Wasser mit 1 TL Zucker aufkochen. Die Birnenhälften im Zuckerwasser ca. 1 Min. blanchieren, herausnehmen und abtropfen lassen.

2 Die Vanilleschote längs halbieren und auskratzen. Rosmarin waschen und trocken schütteln. Die Nadeln hacken. Rosmarin, Vanillemark, Sternanis, Zimtstange, Pfefferkörner, Pimentkörner und Nelke im Mörser fein zerstoßen. Zitronen- und Orangenhälfte heiß abwaschen und abtrocknen. Je 1 TL Schale abreiben und mit in den Mörser geben. Alles gut mischen und zerstoßen.

3 Den restlichen Zucker in einem Topf hellbraun karamellisieren lassen, knapp 200 ml Wasser zugeben (Achtung, der Zucker ist sehr heiß!) und den Karamell lösen. Alles in 15–20 Min. sirupartig einkochen lassen. Die Gewürzmischung unterrühren. Die Birnenhälften in den Topf geben und im Karamellsirup schwenken.

4 Die Karamellbirnen auf vier Tellern anrichten und nach Belieben mit Vanilleeis servieren.

»Es ist ein Vabanquespiel, wenn man dieses Dessert zubereiten will und erst in letzter Minute die Birnen einkauft. Mindestens fünf Tage vorher sollte es sein. Sind die Birnen beim Einkauf auf Daumendruck weich, dann ab damit in den Kühlschrank! Solange sie hart sind, bleiben sie besser in der Wärme.«

gefüllte rotweinbirnen

ZUBEREITUNGSZEIT 30 MIN.
ZUTATEN FÜR 4 PERSONEN

4 kleine reife Birnen
(z. B. Williams Christ; s. unten)
1 Vanilleschote
1/4 l Rotwein (z. B. Nebbiolo)
3 EL Zucker
2 Löffelbiskuits
1 TL Rosinen
1 EL Orangenlikör
1/2 TL abgeriebene Bio-Zitronenschale
1 EL weiche Butter

1 Die Birnen so schälen, dass der Stiel erhalten bleibt. Das Kerngehäuse mit einem kleinen Kugelausstecher vorsichtig von unten ausstechen.

2 Die Vanilleschote längs halbieren und auskratzen. Den Rotwein mit dem Vanillemark und dem Zucker aufkochen. Die Birnen darin – je nach Größe – in 8–10 Min. weich pochieren, aber nicht kochen lassen. Die Birnen herausnehmen und erkalten lassen. Den Rotweinsud aufbewahren.

3 Die Löffelbiskuits zerkrümeln. Die Rosinen fein hacken. Biskuitbrösel und Rosinen mit dem Orangenlikör, der Zitronenschale und der Butter vermischen. Die Masse in die Birnen füllen.

4 Die Birnen auf vier Tellern anrichten. Den Rotweinsud erneut erhitzen und in Espressotassen oder Gläsern zu den Rotweinbirnen servieren.

»Auch wenn bei diesem Rezept die Birnen weich gekocht werden: Sie müssen reif sein, denn das Weinaroma und der Duft der reifen Frucht bringen erst das optimale Ergebnis.«

Schönste Träume

Der zivilisierte Mensch liebt es so weich wie möglich. Sanft gebettet zu sein – das könnte Lebensziel sein und schlägt dem Connaisseur deutlich ins Fach. Nichts gegen herzhaftes Zubeißen! Aber selbst den harten Zähnen ist weich lieber als hart, denn auch sie mögen möglichst wenig zu tun haben. Hochkultur hat sowieso viel damit zu tun, dass man nichts zu tun hat. Keine Frage, man findet viele Gründe, sich Cremes und Schäume einzuverleiben. Insbesondere, wenn man Eigelbe fein aufschlägt, können aus Schäumen kleine Träume werden. Manchmal sind aber auch die schweren Cremes, beispielsweise Konditorcreme oder Crème anglaise, die optimale Verführung. Gesünder sind jedoch die luftigen Schäume und Mousses, die besser zu unserer modernen Lebensweise passen. Sie hatten ihre hohe Zeit gegen Ende des neunzehnten Jahrhunderts.

Die damalige Jahrhundertwende erlebte eine extreme Küchenverfeinerung. Die treibende Kraft lieferte der berühmteste Koch dieser Dekade, Auguste Escoffier. Er führte einige Zeit die Küche des Berliner Hotels Adlon. Nach einem Festbankett ließ Kaiser Wilhelm II. nach ihm rufen, um ihm zu einer traumhaften Sabayon zu gratulieren. Escoffier drehte den Spieß um. Der Koch war klein gewachsen und mit einem extrem überhöhten Ego ausgestattet. Er ließ dem Kaiser ausrichten: »Hier in der Küche bin ich der Kaiser, seine Hoheit möge zu mir in die Küche absteigen!«. Hier könnte eine neue Geschichte über den Größenwahn der Köche starten. Gute Köche haben zwangsläufig immer auch ein bisschen Schaum im Kopf. Frische Luft braucht es für leichte Gedanken, und jede Sabayon hat viel davon in sich.

Die einfachen Rezepte sind die wirklich genialen. Aber je weniger Einzelteile sich zum Köstlichen summieren, umso mehr kommt es auf erstklassige Zutaten an. Das fängt beim Ei an. Das Eigelb wird letztlich nur auf siebzig Grad erhitzt. Es kann Keime enthalten. In 38 Jahren Selbstständigkeit hatte ich aber noch nie einen Eierunfall. Und das liegt an den hochwertigen Bio-Eiern, die ich verwende. Gleich nach dem Ei kommt die Qualität des Weins. Man kann Champagner als Luxusbrause schelten, wer aber damit mal eine Sabayon aufgeschlagen hat, der weiß, was die Stunde geschlagen hat. Die Urvariante holt sich jedoch das Aroma von einer anderen Flüssigkeit: Marsalawein kommt aus Sizilien und ist oft pappsüß. Trotzdem bestimmt sein Duft die originale Zabaione, wie sie in Italien genannt wird. Achten Sie beim Einkauf auf die Marsalavariante *secco,* also eine trockene Sorte. Marsala ist ein Süßwein, weshalb selbst diese herbe Variante noch ziemlich süß ist.

Grob gesagt finden sich bei Cremes und Schäumen immer Eigelbe zusammen. Ich liebe diese Art von Desserts, weil man in der Entstehungsphase bereits naschen kann – schließlich bin ich deshalb Koch geworden –, und weil man sich nicht genau ans Rezept halten muss. Wer auf Linie und Gesundheit achten möchte, der verwendet einfach weniger Zucker. Das Rezept wird trotzdem gelingen. Schaumdesserts kann man mit Gewürzen parfümieren, mit Likören und sogar mit Kräutern. Misslingt das Dessert, dann meist deshalb, weil die Eier im Wasserbad zu heiß wurden und eine Art Rührei sich mausig macht. Deshalb ist es nicht schlecht, wenn neben dem heißen Wasserbad eine große, mit Eiswasser gefüllte Schüssel geparkt wird. In dieser kann man den Schaum schnell abkühlen. Ist nichts mehr zu retten, dann hat man hat bei solcherart Scheitern aber auch keinen großen Flurschaden verursacht. Das Missgeschick ist – finanziell betrachtet – minimal, und essbar ist der Küchenunfall in den meisten Fällen trotzdem.

Für luftigen Schaum, Mousse oder perfekte Sabayon beginnt man zunächst, Eier und übrige Zutaten im Schlagkessel über einem heißen Wasserbad langsam in Bewegung zu setzen. Der Inhalt des Schlagkessels muss dabei ständig leicht aufwirbeln, der leicht federnde Schneebesen die Wände des Schlagkessels überall berühren. Vergisst man, eine Stelle des Metalls zu »streicheln«, dann beginnt in dieser »ruhigen« Zone das Ei zu stocken, und es wird krisselig. Also stoisch – mit Geduld und langsam – einen Achter schlagen, hin und her, dann wieder im Ring herum. Je länger man den Schaum schlägt, umso feincremiger wird er. Kurzum: Mit Geduld entsteht aus wenigen Zutaten eine Köstlichkeit. Der Schaum im Schlagkessel hat sich nun erwärmt und nähert sich der Gerinnungstemperatur. Genau jetzt benötigen wir Kraft, um den Schneebesen schwingen und den Schaum schön steif stabilisieren zu können. Endlich ist unser Schaum fest. Wir nehmen ihn schnell vom Feuer und schlagen ihn auf einem Eiswürfelbett weiter. Auch die Luft, die wir jetzt unterschlagen, kühlt das Ganze.

dessertknödel mit marinierten orangenfilets

ZUBEREITUNGSZEIT 1 STD.
ZUTATEN FÜR 8 KLEINE KNÖDEL

ORANGENFILETS
3 Orangen
2 EL Orangenlikör
1 EL Grenadinesirup
2 EL Zucker

DESSERTKNÖDEL
400 g Schichtkäse (ersatzweise Quark)
150 g Hefezopf vom Vortag
1 kleine Vanilleschote
80 g weiche Butter
100 g Puderzucker
1 Ei (Größe M)
1 Eigelb (Größe L)
1/2 TL abgeriebene Bio-Zitronenschale
1/2 TL Zitronensaft
ca. 1 l Milch
3 EL Zucker

1 Für die Orangenfilets die Orange großzügig schälen, dabei die weiße Haut vollständig entfernen. Orangen filetieren. Orangenlikör, Grenadine und 2 EL Zucker verrühren. Die Orangenfilets mit der Marinade mischen und mind. 30 Min. darin ziehen lassen.

2 Inzwischen den Schichtkäse gut abtropfen lassen. Den Hefezopf entrinden. Das Innere in sehr feine Würfel schneiden, die Rinde im Mixer fein zerkleinern. Die Vanilleschote längs halbieren und auskratzen.

3 70 g Butter schaumig aufschlagen. Den Puderzucker, das Ei, das Eigelb, die Zitronenschale, den Zitronensaft und die Hälfte des Vanillemarks schaumig unterschlagen und die Hefezopfwürfel unterheben. Den abgetropften Schichtkäse durch ein Sieb streichen und unter die Masse mischen.

4 Die Milch in einem Topf mit 2 EL Zucker, dem restlichen Vanillemark und der ausgekratzten Vanilleschote erhitzen.

5 Aus der Schichtkäsemasse 8 Knödel formen und diese in der Vanillemilch ca. 15 Min. pochieren, aber nicht kochen lassen.

6 Inzwischen in einer Pfanne die Rindenbrösel mit dem restlichen Zucker und der restlichen Butter karamellisieren lassen. Die Knödel aus der Vanillemilch heben, auf Tellern anrichten, mit den Bröseln bestreuen und mit den marinierten Orangenfilets servieren. Die Vanillemilch eignet sich gut als Getränk.

»Das Wörtchen Knödel
assoziiert eine gewisse Deftigkeit oder Rustikalität.
Das Gegenteil ist jedoch der Fall,
hier haben wir es mit einem hocheleganten Dessert zu tun.«

cassisfeigen mit champagnerparfait

ZUBEREITUNGSZEIT 35 MIN.
GEFRIERZEIT MIND. 4 STD.
ZUTATEN FÜR 4 PERSONEN

CHAMPAGNERPARFAIT

250 g Sahne
1 sehr frisches Eigelb (Größe M)
2 sehr frische Eier (Größe M)
100 g Zucker
1 TL Vanillezucker, Salz
3–6 EL Champagner
2 EL feiner Rohrohrzucker

CASSISFEIGEN

2 EL Zucker, 4 EL Cassis
2 EL Zwetschgenwasser
4 reife, blaue Feigen (s. unten)

AUSSERDEM

4 kältefeste Förmchen

1 Für das Champagnerparfait die Sahne steif schlagen. Ein Wasserbad vorbereiten. Das Eigelb und die Eier mit dem Zucker über dem heißen Wasserbad zu einer festen Creme aufschlagen. Den Vanillezucker und 1 Prise Salz unterrühren, dann die Masse kalt schlagen.

2 Langsam den Champagner unterrühren. Die Schlagsahne unterheben und die Masse in vier Förmchen füllen und ca. 4 Std. tiefkühlen.

3 Für die Cassisfeigen den Zucker in einer Pfanne karamellisieren lassen, Cassis und Zwetschgenwasser zugeben und kurz einkochen lassen. Die Feigen halbieren und im Cassiskaramell schwenken.

4 Die warmen Feigen auf Tellern anrichten. Das Parfait mit dem Rohrzucker bestreuen. Den Zucker mit einem Küchenbunsenbrenner karamellisieren lassen. Das Parfait mit den Feigen servieren.

»Feigen mögen viele Leute nicht. Und das hat mit unreifen oder überreifen Früchten zu tun, die oftmals mehr nach dem Transportkarton als nach Feige schmecken. Die Saison reicht von Juli bis Ende Oktober. Am besten schon im Obstladen eine Feige probieren. Und nur wenn sie schmeckt, sollten wir mehr davon mit nach Hause nehmen.«

limoncello-granitée mit marinierten beeren

ZUBEREITUNGSZEIT 20 MIN.
GEFRIERZEIT ÜBER NACHT
ZUTATEN FÜR 4 PERSONEN

GRANITÉE
60 g Zucker
100 ml trockener Weißwein
60 ml Limoncello

MARINIERTE BEEREN
250 g Erdbeeren oder gemischte Beeren
1 Stängel Zitronenmelisse
2 TL Zitronensaft
1/2 TL abgeriebene Bio-Zitronenschale
ca. 1 TL Zucker
2 TL Mandelöl (s. unten)

1 Für das Granitée 1/8 l Wasser mit dem Zucker aufkochen. Weißwein und Limoncello untermischen und alles über Nacht tiefkühlen.

2 Am nächsten Tag die Beeren waschen, trocken tupfen, putzen und, falls nötig, kleiner schneiden. Die Zitronenmelisse waschen und trocken schütteln. Blättchen in sehr feine Streifen schneiden und mit Beeren, Zitronensaft und -schale mischen, mit Zucker abschmecken und das Mandelöl untermischen. Die Beeren etwas ziehen lassen.

3 Vor dem Servieren die Eismasse mit einem stabilen Löffel von oben dünn abschaben und das Granitée in tiefe Sektgläser füllen. Marinierte Beeren zugeben und servieren.

Anstatt mit marinierten Beeren können Sie das Limoncello-Granitée im Glas nach Belieben auch mit Champagner oder Sekt auffüllen.

»Mandelöl ist etwas problematisch. Olivenöl hat eine Haltbarkeit von einem Jahr. Mandelöl wehrt sich dagegen nur drei Monate gegen das Ranzigwerden.«

vanillemousse

ZUBEREITUNGSZEIT 20 MIN.
KÜHLZEIT 4 STD.
ZUTATEN FÜR 4 PERSONEN

2 Vanilleschoten
500 g Sahne
80 g Zucker
4 sehr frische Eigelb (Größe M)
2 Blatt Gelatine

1 Die Vanilleschoten längs halbieren und auskratzen. Die Schoten mit dem Vanillemark und knapp 100 g Sahne aufkochen und ca. 5 Min. köcheln lassen. Dann den Zucker unterrühren. Die Vanilleschoten entfernen. Die Sahne-Mischung vom Herd ziehen und etwas abkühlen lassen. Dann die Mischung mit den Eigelben zu einer schaumigen Creme aufschlagen.

2 Die Gelatine 5 Min. in kaltem Wasser einweichen, gut ausdrücken und in einem Topf bei kleiner Hitze schmelzen lassen. Die Gelatine kurz abkühlen lassen, dann in die Eigelb-Schaumcreme einrühren. Die übrige Sahne schlagen und unterheben.

3 Die Vanillemousse im Kühlschrank in mind. 4 Std. fest werden lassen, dann servieren.

»Mein absolutes Lieblingsdessert! Mittlerweile gibt es verschiedene Sorten Vanilleschoten im Handel, man achte darauf, dass die Stangen weich und nicht altersstarr sind.«

espresso-schokoladen-schaum mit gestreuselter mango

ZUBEREITUNGSZEIT 40 MIN.
KÜHLZEIT CA. 1 STD.
ZUTATEN FÜR 2 PERSONEN

ESPRESSO-SCHOKOLADEN-SCHAUM
100 ml Espresso
50 g dunkle Schokolade
40 g Zucker
1 Vanilleschote
2 sehr frische Eigelb (Größe M)
1 EL Kaffeelikör

MANGO
1 Mango
2 EL Butter
2 EL Zucker
2 EL Mehl
1 TL Zimt

1 Für den Espresso-Schokoladen-Schaum ein Wasserbad vorbereiten. Den Espresso mit der Schokolade und dem Zucker über dem Wasserbad erhitzen, bis die Schokolade darin geschmolzen ist. Inzwischen die Vanilleschote längs halbieren und auskratzen.

2 Das Vanillemark und die Eigelbe zu der Espresso-Schokoladen-Mischung geben und in 5–10 Min. über dem heißen Wasserbad zu einer dickschaumigen Creme aufschlagen. Creme mind. 1 Std. kühl stellen.

3 Für die Mango den Backofen auf 160° (Umluft 140°) vorheizen. Die Mango schälen und in dünnen Scheiben vom Kern schneiden. Scheiben in einer kleinen Gratinform fächerartig auslegen.

4 Für die Streusel die Butter in einer Pfanne schmelzen. Zucker und Mehl zur Butter geben und bei kleiner Hitze unter Rühren in ca. 5 Min. bräunen. Buttermischung auf einen Teller geben, mit dem Zimt mischen und gleichmäßig über die Mango verteilen. Im heißen Backofen (Mitte) noch ca. 5 Min. erwärmen.

5 Inzwischen die kalte Espresso-Schokoladen-Creme mit dem Likör mit dem Handrührgerät aufmixen, bis ein Schaum entsteht. Den Espresso-Schokoladen-Schaum zur warmen Mango servieren.

»Eine gut ausgereifte Mango kann man kaum verbessern, eine unreife Frucht ist eine wahre Zumutung. Es empfiehlt sich, die Mangos rechtzeitig einzukaufen, um sie in der Wärme der Küche nachreifen zu lassen.«

MENÜ

frühjahr

VORSPEISE

Grüne Salate mit Parmesan-Croustillants S. 21

oder

Frühlingskräutersalat mit gebackenem Ziegenkäse S. 23 (doppelte Menge)

HAUPTSPEISE

Lachs mit gerösteten Pinienkernen und Estragon S. 104 (doppelte Menge)

oder

Lammfilet in Brotkruste mit Tomatensalat S. 141

DAZWISCHEN

Zitronenrisotto mit Spitzpaprika S. 66

DESSERT

Vanillemousse S. 181

oder

Erdbeeren mit Minze und Orangenblütenwasser S. 165

MENÜ

sommer

VORSPEISE

Bunter Salat mit Lachs S. 25

oder

Soufflés vom Ziegenfrischkäse
mit Gemüsesalat S. 49
(doppelte Menge)

HAUPTSPEISE

Scaloppine all'aceto balsamico S. 121
(doppelte Menge)

oder

Seewolf in Auberginen
mit Orangen-beurre-blanc S. 97
(doppelte Menge)

DAZWISCHEN

Mangoldtarte S. 53

oder

Fettucine mit Mandeln und Bohnen S. 71

DESSERT

Himbeeren mit Mascarpone
und Pistazien S. 167
(doppelte Menge)

oder

Limoncello-Granitée mit
marinierten Beeren S. 179

MENÜ

herbst

VORSPEISE

Steinpilzcarpaccio
mit Petersilien-Zitronen-Pesto S. 42

oder

Kaninchenleber mit Balsamessig S. 54
(doppelte Menge)

HAUPTSPEISE

Schweinerollbraten S. 133

oder

Wolfsbarsch mit Rosmarinkartoffeln S. 99
(doppelte Menge)

DAZWISCHEN

Risotto trevisana S. 69

DESSERT

Cassisfeigen mit Champagnerparfait S. 177

oder

Gefüllte Rotweinbirnen S. 171

MENÜ

winter

VORSPEISE

Crostini mit Walnüssen S. 47

oder

Vermicelli-Muschel-Salat S. 33

HAUPTSPEISE

Ente mit Orangen und Zimt S. 160
(doppelte Menge)

oder

Ossobuco mit Petersilienwurzeln S. 126

DAZWISCHEN

Jakobsmuscheln mit Fenchel-Orangen S. 103

oder

Ravioli mit Frischkäse und Salbeibutter S. 76

DESSERTS

Karamellbirnen S. 169

oder

Espresso-Schokoladen-Schaum mit gestreuselter Mango S. 183
(doppelte Menge)

K

L

M

N

O

P

R

Ausgezeichnet kochen

Köchinnen und Köche fürs Leben

ISBN 978-3-8338-0445-8
192 Seiten | € 19,99 [D]

ISBN 978-3-8338-0982-8
192 Seiten | € 19,99 [D]

ISBN 978-3-8338-1703-8
192 Seiten | € 19,99 [D]

Das macht sie so besonders:

- **Unwiderstehliche Rezepte** – regional und weltläufig
- **Tolle Rezeptbilder** – von den besten Food-Fotografen
- **Autorenporträts und Anekdoten** – authentisch und ganz nah dran

GU
Willkommen im Leben.

küchengötter.de
powered by GU

Einfach göttlich kochen und himmlisch speisen? Die passenden Rezepte, Küchentipps und -tricks in Wort und Film finden Sie ganz einfach unter: www.küchengötter.de